Latein für Angeber

Drews

Latein für Angeber

Weltbild Verlag

Illustrationen: Robert Erker, Augsburg
Satz: 10/12' Century Schoolbook von
Uhl + Massopust, Aalen
Gesamtherstellung: Wiener Verlag, Himberg
Printed in Austria
ISBN 3-89350-307-2

Vorwort

Nullum est iam dictum, quod non sit dictum prius. Es gibt kein Wort mehr, das nicht schon früher gesagt ist.

Kurz und gut: Es gibt nichts Neues unter dieser Sonne. Unter dieser Weisheit leiden gleichermaßen Dichter und Denker, Politiker und (andere) Plauderer, Lehrer und Lernende. Alles ist schon mal dagewesen. Und meist besser. Schon der Satiriker Flaccus (34–62 n. Chr.) schimpfte: *Quis leget haec? – Wer soll das Zeug lesen?*

Sein Zeitgenosse Plinius d. Ältere (23–79 n. Chr.) wußte die Antwort. Er spricht mir und allen aus der Seele, die davon leben, daß man unser Geschreibsel kauft, wenn er sagt: *Nullus est liber tam malus, ut non aliqua parte prosit! – Kein Buch ist so schlecht, daß es nicht zu irgendeinem Teil nützen möge!* Und sei es, als abschreckendes Beispiel ...

All das lehrt, daß die Frage: „Was will uns der Lateiner damit sagen?“ noch immer ihre Gültigkeit hat. Viel mehr noch: Sie ist so aktuell wie nie zuvor. Denn nur eine „tote“ und daher zeitlose Sprache ist in unserer schnellebigen Gegenwart überlebensfähig. Die Voraussetzung dafür ist allerdings, daß sie mit Leben erfüllt wird. Und das ist nun Ihre – jawohl, genau Ihre! – Aufgabe. Dazu müssen Sie nicht einmal ein einziges Wort Latein beherrschen, geschweige denn Ahnung von Grammatik oder ähnlichen komplizierten Dingen haben. Für solche Feinheiten bin ja schließlich ich da! Denn: *Aut prodesse volunt aut delectare poetae – entweder Nutzen bringen oder Freude bereiten wollen die Dichter.* So isses!

Zu Ihrem Nutzen und Ihrer Freude finden Sie in einem Dutzend Kapiteln, jeweils alphabetisch angeordnet, Redewendungen und Zitate, mit denen Sie alle anderen Menschen verblüffen, ja regelrecht abhängen werden. Gewürzt ist das Ganze *cum grano salis – mit einem Körnchen Salz*, sprich: mit jeder Menge augenzwinkernder Kommentare. Und darüber hinaus pfundweise – hoffentlich – unterhaltsamer Geschichtskunde, die Sie anregen könnte, Ihr vielleicht längst verschüttetes Wissen mal wieder an den Originalquellen aufzufrischen oder neue Kenntnisse zu schöpfen.

Vielleicht ist es dem Autor dieses Büchleins auch gelegentlich gelungen, *ridendo dicere verum – scherzend die Wahrheit (zu) sagen.* Hätten Sie Spaß an seiner Ironie – er würde sich freuen. Wobei es ihm natürlich fern liegt, irgend jemanden zu verletzen. Andererseits sagte schon Quintilian (35–100 n. Chr.) in seinem Lehrbuch der Rhetorik: *Potius amicum quam dictum perdere.* Frei übersetzt: *Lieber einen Freund verlieren als einen Gag verschenken.*

Noch zwei Expertenmeldungen zum Thema Zitate: Heinrich Heine war der Auffassung: „So ein paar grundgelehrte Zitate zieren den ganzen Menschen." Der Mann war Dichter. Wohingegen der Philosoph Schopenhauer meinte: „Durch viele Zitate vermehrt man seinen Anspruch auf Gelehrsamkeit, vermindert den auf Originalität." Gutinformierte Kreise wissen, daß der Meister selbst ganz schön abgekupfert hat. Schwamm drüber.

Ob Sie persönlich nun den Schatz unermeßlicher Weisheiten und Torheiten, den Sie mit diesem Buch erworben haben, auswendig lernen oder im Aktenköfferchen bei sich führen: *Pro captu lectoris habent sua fata libelli – Büchlein haben ihr Schicksal, ganz so wie der Leser sie aufnimmt.* Diesem Buch wünsche ich das Schicksal, gelesen zu werden.

Augsburg, im Frühjahr 1990

PS. Einen schönen Gruß vom Autor an seinen Lateinlehrer. Er verzeiht diesem gerne die Fünf minus im Abiturzeugnis! Denn: *Errare humanum est: Irren ist menschlich!*

Inhalt

I.

Omnia vincit amor – die Liebe besiegt alles. Mit Lateinkenntnissen öffnen Sie jedes Herz. Im ersten Kapitel erhalten Sie dazu so manchen passenden Schlüssel!

II.

Modus vivendi – eine Art zu leben. Im zweiten Kapitel geht es um das richtige Miteinander-Auskommen – in der Familie und unter Freunden. Kurzum: Wir befassen uns mit den Themen Freizeit und Zusammenleben.

III.

Citius, altius, fortius – schneller, höher, weiter! Für das dritte Kapitel gilt: Es lebe der Sport! Denn gut zitiert ist bereits halb gewonnen. Weil jeder Gegner vor Neid erblaßt, wenn man ihm mit Bildung kommt.

IV.

De gustibus non est disputandum – über Geschmack läßt sich nicht streiten. Doch gerade weil Geschmäcker verschieden sind und sich der Zeitgeist täglich ändert, sind Sie mit den Sprüchen des vierten Kapitels, die sich rund um die „Szene“ drehen, auch morgen noch absolut „in“.

V.

Non scholae, sed vitae discimus – nicht für die Schule, sondern für das Leben lernen wir. In diesem Sinne ist das fünfte Kapitel voller Sprüche mal nicht fürs Leben, sondern für die Schule.

VI.

Maiore tormento pecunia possidetur quam quaeritur – Geld zu besitzen ist eine noch größere Tortur, als es zu erwerben. Deshalb ist das sechste Kapitel den Themen Broterwerb und Besitz gewidmet. Der Leser erwirbt sich hier auf alle Fälle geistigen Besitz. Und wenn Sie die klugen Einwürfe rund ums Arbeitsleben gelesen haben, werden Ihre Kollegen endlich die Ehrfurcht vor Ihnen bekommen, die Ihnen eigentlich schon längst gebührt.

VII.

Homo sum. Humani nil a me alienum puto – ich bin ein Mensch. Nichts Menschliches ist mir fremd. Und genau deshalb besteht das siebte Kapitel voller Liebenswürdigkeiten über Behörden, Banken und Beamte. Kurz: all jene reizenden Errungenschaften und Menschen, die den Rest der Menschheit – also uns – jeden Tag ein wenig glücklicher machen.

VIII.

Si tacuisses, philosophus mansisses – hättest du geschwiegen, wärst du ein Philosoph geblieben. Doch manche drängt es danach, zu reden, getreu dem Motto: Was kann schöner sein auf Erden, als Politiker zu werden? Diesen Herrschaften und ihrem Umfeld – einst und jetzt – ist das achte Kapitel gewidmet.

IX.

Deo gratias – Gott sei Dank wird ja in der Kirche heutzutage auch deutsch gesprochen, wenngleich es durchaus Leute gibt, die dem guten alten Latein ganz schön nachtrauern. Im neunten Kapitel findet deshalb jeder, den es interessiert, ein paar fromme Redewendungen. Zur Auffrischung, zur Erbauung oder zur Information. Ganz wie es beliebt.

X.

Fabula docet – die Fabel lehrt. Und die Moral von der Geschicht'... Das zehnte Kapitel steckt voller kleiner Lebensweisheiten, mit denen Sie anderen auf die Nerven fallen können. Oder, um mit dem geheimen Geheimrat Goethe zu sprechen: „Der Irrtum wiederholt sich immerfort in der Tat. Deswegen muß man das Wahre unermüdlich in Worten wiederholen."

XI.

Non liquet – nicht spruchreif. Aber nicht doch! Im elften Kapitel ist alles spruchreif. Denn hier finden Sie die Originale populärer lateinischer Begriffe, Sentenzen und Sprichwörter – nahezu für alle Lebenslagen. Nicht wenige davon benutzen Sie täglich selbst, manchmal ohne zu ahnen, daß es sich hier um Latein handelt. Wetten?

XII.

Ad fontes – zu den Quellen. Wenn wir schon elf Kapitel lang immer wieder irgendwelche berühmten Leute zitieren und kommentieren, sollten Sie im letzten Kapitel wenigstens so ungefähr erfahren, wer hinter einem Großteil der klugen Zitate in diesem Buch steckt. Wobei für die Authenzität nicht in jedem Fall Garantie übernommen werden kann – Tote geben leider keine Auskunft mehr darüber, was sie gesagt haben oder nicht. Aber sie können sich zum Glück auch nicht mehr wehren. Und weil außerdem nicht nur berühmte Menschen kluge Dinge von sich geben, ist ein Großteil der Weisheiten in diesem Büchlein schlicht und einfach Volksgut. Sprich: Quelle unbekannt.

Kapitel I

Omnia vincit amor – die Liebe besiegt alles

Mit Lateinkenntnissen öffnen Sie jedes Herz. Hier erhalten Sie die passenden Schlüssel!

Agens

Das Treibende. Die treibende Kraft. Irgendeiner muß ja die Dinge in Angriff nehmen. Es soll Paare geben, die zwar schon seit dreißig Jahren zusammenleben – aber noch keiner hat sich getraut, dem anderen den alles entscheidenden Heiratsantrag zu machen.

Alter ego

Zweites Ich. Ein Freund wird gern als „Zweites Ich" bezeichnet. So schreibt Cicero an Caesar: *Vide, quam mihi persuaserim te me esse alterum – Schau, wie sehr ich davon überzeugt bin, daß du mein zweites Ich bist.* A propos: Wissen Sie, warum früher im Kommunismus immer vom Bruder und nie vom Freund die Rede war? Einen Freund kann man sich aussuchen...

Ama et fac quod vis

Liebe und tu, was du willst! Der heilige Augustinus (354–430), der diesen Spruch von sich gegeben hat, hätte sich auch nicht träumen lassen, daß sein Satz von den guten alten Hippies als Argument für die „freie Liebe" hergenommen wurde.

Amantes amentes

Die verrückten Liebenden. Oder: Liebe macht blind. Wie sang einst Connie Francis: „Die Liebe ist ein seltsames Spiel!"

Amantium irae amoris integratio est

Der Zorn der Liebenden ist die Erneuerung der Liebe. Getreu dem alten Filmklassiker: Sie küßten und sie schlugen sich.

Amicus certus in re incerta cernitur

Den wahren Freund erkennt man in der Not. Oder: In der Not kommen hundert Freunde auf ein Lot.

Amor est parens multarum voluptatum

Die Liebe ist die Mutter vieler Freuden. Unter anderem der Mutterfreuden...

Ars amandi

Die Kunst zu lieben nannte Ovid eines seiner Werke, das knapp 2000 Jahre später schamlos abgekupfert wurde. Der Autor, ein gewisser Erich Fromm, taufte sein Pamphlet allerdings völlig anders: Die Kunst *des* Liebens.

De profundis

Aus den Tiefen. Sinngemäß: Aus tiefer Not; gut bekannt in allen Fällen von Liebeskummer.

Fidelem si putaveris, facies

Wenn du ihn für treu hältst, wirst du ihn dazu machen – meint die Mutter bei der Verlobung zu ihrer Tochter. Und fügt hinzu:
Fides sanctissimum humani pectoris bonum est. Die Treue ist das heiligste Gut des menschlichen Herzens.

Filia hospitalis

Das Töchterlein des Wirtes hatte in vergangenen Zeiten seine größten Fans unter den Studenten. Je hübscher die Tochter, desto größer der Umsatz des Herrn Papa. Das Risiko für ihn, dabei frühzeitig Großpapa zu werden, war allerdings auch nicht gerade gering.

Gallina scripsit

Die Henne hat es geschrieben. Von daher stammt der Begriff „Krähenfüße" – gemeint sind nämlich die Altersfalten, die das Leben ins Gesicht eines Menschen gekerbt hat.

Gratia alicuius florere

Bei jemandem in hoher Gunst stehen, einen Stein im Brett haben. Aus Gunst kann manchmal, haste nicht gesehen, Liebe werden – denn:
Gratia gratiam parit. Gunst erzeugt Gunst.

Improbe amor, quid non mortalia pectora cogis!

Unersättliche Liebe, wozu treibst du nicht die sterblichen Herzen! Stammt von Vergil, könnte aber auch aus der Feder eines x-beliebigen deutschen Schlagertexters geflossen sein.

In camera caritatis

In der Kammer der Zuneigung. Unter vier Augen. Wir wollen nicht weiter beim Händchenhalten stören ...

Alea iacta est
Der Würfel ist gefallen.

Furor principum
Größenwahn.

In perpetuam memoriam

Zum ewigen Gedenken. Das wär doch was fürs Poesiealbum!

In puris naturalibus

Im reinen Naturzustand. Also nackt wie die Natur uns schuf.

Invenit patella operculum

Die Schale fand einen Deckel. Ein Trost für alle unfreiwilligen Singles: Für jedes Töpfchen gibt es ein Deckelchen, wie schon Lilo Pulver in ihrer Doppelrolle als „Kohlhiesels Töchter“ zu singen wußte.

Ius primae noctis

Das Recht der ersten Nacht. Angeblich hatten die Feudalherren im Mittelalter das Recht, die Brautnacht mit ihren weiblichen Leibeigenen zu teilen. Der Hintergrund ist ein alter Volksglaube, wonach die Hochzeitsnacht für das Brautpaar als gefährlich galt und die Braut deswegen vom Bräutigam mehr oder weniger gern einem Fremden überlassen wurde.

Latet anguis in herba

Verborgen liegt eine Schlange im Gras. Man sollte besser nicht barfuß durch blühende Wiesen streifen, die man nicht kennt. Und auch hinter mancher schönen Larve verbirgt sich ein giftiger Zahn. Oder, wie in diesem Buch noch an anderer Stelle gesagt wird: Trau, schau, wem!

Magna amoris conspiratione consentire

In großer Harmonie der Liebe einer Meinung sein, ein Herz und eine Seele sein. Hieß so nicht einmal eine Fernsehserie mit „Ekel Alfred“?

Matura, dum libido manet

Beeile dich, solange die Leidenschaft besteht, sagt Terenz. Schmiede das Eisen, solange es heiß ist. Für die Liebe wäre es allerdings manchmal besser, abzuwarten und Tee zu trinken. Das könnte die Scheidungsrate vielleicht senken. Aber wir wissen ja: Liebe macht blind.

Mea virtute mea involvo

Ich hülle mich in meine Tugend, in den Mantel der Tugend, behauptet Horaz in seinen Oden. Meine alte Deutschlehrerin – wir nannten sie die „fromme Helene“ – überraschte unsere Klasse einmal mit dem Satz: Tugend ist Mangel an Gelegenheit.

Militat omnis amans

Jeder Liebende leistet Kriegsdienst. Na ja, zu Zeiten Ovids war der Ersatzdienst auch noch nicht bekannt – der käme dann wohl dem Nebenbuhler zu.

Naturalia non sunt turpia

Natürliches ist keine Schande. Soll das heißen: So, wie ich bin, ist es ganz natürlich? Wo doch meine Mama immer sagt, ich sei eine Schande für die ganze Sippe …

Non potest amor cum timore misceri

Liebe und Furcht sind unvereinbar. Darum heißt es also: Liebet eure Feinde!

Omnia vincit amor

Alles bezwingt die Liebe! Sogar den Verstand!

Post nubila Phoebus

Nach Wolken die Sonne. Oder: Liebeskummer lohnt sich nicht.

Secundae res ei de amore sunt

Bei ihm sind glückliche Umstände in der Liebe. Er hat Glück in der Liebe. Aber vermutlich noch nicht mal 3 Richtige im Lotto...

Sic ignis non refert, quam magnus, sed quo incidat

Beim Feuer spielt es keine Rolle, wie groß es ist, sondern wohin es fällt. Denn Liebe auf den ersten Blick entpuppt sich oft nur als Strohfeuer.

Si vis amari, ama!

Liebe, wenn du geliebt werden willst! Die Voraussetzung, jemand anderen zu lieben, ist doch wohl, sich selbst leiden zu können, oder?

Sub rosa

Unter der Rose. Die Rose ist das Symbol des Schweigens. Wenn er ihr „sub rosa“ seine Liebe beteuert, geschieht dies unter dem Siegel der Verschwiegenheit und ganz vertraulich. Was dann von Vorteil ist, wenn ihr dieses Geständnis peinlich wäre. Anderenfalls erfahren es sowieso innerhalb der nächsten fünf Minuten alle guten Freundinnen.

Sum apud te primus

Ich bin bei dir der Erste. In unserer Küche rußt der Ofen. In meinem Herzen ruhst nur du.

Variatio delectat

Abwechslung erfreut. Jeder Ehemann ist erfreut, wenn seine Frau mit einer neuen Frisur und einem hübschen Kleidchen aufwartet. Sofern er es nicht bezahlen muß.

Varium et mutabile semper femina

Bunt und wechselhaft ist doch immer das Weib! Fand Vergil. Nun gut, zur Zeit Christi Geburt war die Mode für den Mann wirklich noch etwas eintönig. Und über das „Wechselhafte“ bei Frauen wollen wir uns jetzt lieber nicht auslassen...

Kapitel II

Modus vivendi – eine Art zu leben

Hier geht es um das richtige Miteinander-Auskommen – in der Familie und unter Freunden. Kurz: In diesem Kapitel befassen wir uns mit den Themen Zusammenleben und Freizeit.

Ab Iove principium generis

Von Jupiter her rührt der Anfang unseres Geschlechtes. Dies all jenen zur Antwort, die behaupten, unsereins sei mit der Banane aus dem Urwald gelockt worden.

Absolvo te

Ich vergebe dir. Das hört man besonders gern, wenn man eigentlich eine Entschuldigung des anderen erwartet.

Abrupte cadere in narrationem

Mit der Tür ins Haus fallen. Eine typische Eigenschaft der Ehefrau, die bis heute noch nicht gelernt hat, diplomatisch vorzugehen, wenn sie mehr Haushaltsgeld, ein neues Kleid oder mein Auto haben will.

Abusus non tollit usum

Mißbrauch hebt den Brauch nicht auf. Oder, anders ausgedrückt: Die Ausnahme bestätigt die Regel. Beliebte Ausrede des Familienoberhauptes, wenn er sich selbst Dinge herausnimmt, die er anderen verbietet.

Ad multos annos

Auf viele Jahre. Ein gern gebrauchter Geburtstagswunsch: Der Jubilar soll noch viele Jahre unter uns verbringen.

Aequam memento rebus in arduis servare mentem

Bedenke stets, dir im Unglück deinen Gleichmut zu bewahren! Und denken Sie daran: Die meisten anderen sind noch schlechter dran als man selbst!

Amicus Plato, sed magis amica veritas

Unser Freund ist Plato, aber unser größerer Freund die Wahrheit. Was heißen soll, daß die Wahrheit wichtiger sein sollte als der allerliebste Mensch.

Beatus ille, qui procul negotiis

Glücklich ist jener, der fern von Geschäften ist. Und sich statt dessen im Urlaub am Strand vergnügt.

Cave canem

Hüte dich vor dem Hund. Falls Sie einen haben: Schreiben Sie die Warnung vor Ihrem Haustierchen doch lateinisch ans Haustürchen. Wer's nicht versteht, wird eben gebissen. Außer er kauft sich blitzschnell dieses Buch . . .

Contra sextum

Gegen das sechste (Gebot). Na, wissen Sie noch, wie das heißt?

De mortuis nil nisi bene

Über die Toten nichts, außer Gutes. Rede nie Schlechtes über deine Erbtante. Schon gar nicht, wenn du das Testament noch nicht kennst!

Duo quum faciunt idem, non est idem

Wenn zwei dasselbe tun, so ist es nicht dasselbe. Gern gebrauchte Ausrede von Eltern, wenn sie von ihren Sprößlingen bei irgendeinem Tun erwischt werden, deren Verbot denen seit Jahr und Tag eingebläut wird.

Est tanti, ut gratum invenias, experiri et ingratos

Um einen Dankbaren zu finden, lohnt es sich, sich auch mit Undankbaren einzulassen. Aber bekanntlich ist ja leider Undank der Welt Lohn...

Gallinae filius albae

Sohn einer weißen Henne. Kurz gesagt: Glückspilz.

Gaudeamus igitur, iuvenes dum sumus

Daher laßt uns lustig sein, solange wir jung sind. So beginnt ein bekanntes studentisches Trinklied, das ursprünglich an liebe Verstorbene erinnerte. Autor ist ein gewisser Chr. W. Kindleben.

Heredis fletus sub persona risus est

Das Weinen des Erben ist ein maskiertes Lachen. Ein Spruch, der zum Bild von den „lachenden Erben" geführt hat. Pech ist nur, wenn der Verstorbene außer Schulden nichts hinterläßt...

Inesse quin etiam sanctum aliquid et providum putant

Sie glauben sogar, daß (ihr) etwas Heiliges und Vorausse-

hendes innewohnt. Generationen von Lateinschülern haben über diesen Satz schon grinsen müssen. Der allseits bekannte Geschichtsschreiber Tacitus glaubte im Jahr 98 n. Chr., den verlotterten Römern den Spiegel vorhalten zu müssen, indem er ihnen berichtete, was für ein anständiges und ordentliches Völkchen die Germanen seien. *De origine et situ Germanorum* oder kurz *Germania* heißt das berühmte Werk. Und wer in dem oben erwähnten Satz so gut wegkommt, ist niemand anderes als die germanische Frau.

In necessariis unitas, in dubiis libertas, in omnibus caritas

In den nötigen Dingen Einigkeit, in den zweifelhaften Freiheit, in allem Nächstenliebe – das ist wahre Toleranz!

In statu nascendi

Im Zustand des Werdens. Im Entstehen begriffen. Bis man eines Tages sagen kann: Hurra, ein Baby!

Intimus

Vertraut. Ein sehr enger Freund. Die sehr enge Freundin heißt Intima.

Lupus in fabula

Der Wolf in der Fabel. Gemeint ist die Situation, in der jemand auftaucht, über den man gerade – meist nicht unbedingt zu dessen Vorteil – geplaudert hat. In Bayern sagt man dazu: Wenn man den Teufel nennt, kommt er g'rennt (gerannt).

Nam tua res agitur, paries cum proximus ardet

Es handelt sich nämlich auch um deine Sache, wenn die Wand des Nachbarn brennt, sagt Horaz in seinen Satiren. Heiliger Sankt Florian, verhüt' mein Haus, zünd' andere an!

Nemo est, cui non satius sit cum quolibet esse quam secum

Es gibt niemanden, für den es nicht besser wäre, mit irgend jemandem zusammenzuleben als mit sich selbst. Aber es gibt genügend, bei denen es überhaupt niemand aushält. Nicht einmal sie selbst...

Nec me ulla res delectabit, licet sit eximia et salutaris, quam mihi uni sciturus sum

Nichts, und sei es noch so edel und heilsam, kann mir Freude bereiten, wenn ich es für mich allein wissen soll. Das könnte man der Klatschtante aus der Nachbarschaft übers Bett hängen.

Nil admirari

Sich über nichts wundern. Der Wahlspruch meiner Frau.

Non statim pusillum est, si quid maximo minus est

Wenn etwas kleiner ist als das Größte, so ist es darum noch lange nicht unbedeutend. Ein Argument, mit dem mein Sohn gelegentlich versucht, sich gegen mich durchzusetzen. Natürlich mit Erfolg...

Nulla fere causa est, in qua non femina litem moverit

Es gibt wohl keinen Streit, den nicht eine Frau begonnen hätte. Mein Selbsterhaltungstrieb verbietet mir, diesen Ausspruch aus den Satiren des Iuvenis zu kommentieren.

Parta tueri

Das Erworbene zu wahren wissen. Dazu muß man erst mal seine Schäfchen ins Trockene bringen.

Pater familias

Der Vater der Familie. Im alten Rom war dieser Mensch wirklich noch der Herr im Haus. So wie der sizilianische Pate. Oder meine Frau.

Pater semper incertus est

Der Vater ist immer ungewiß. Manchmal weiß nicht einmal die Mutter, wem sie den Nachwuchs zu verdanken hat.

Patria potestas

Väterliche Gewalt. Damit sind die Rechte gemeint, die der Vater gegenüber seinen nicht volljährigen Kindern hat. Getreu dem Motto: Solange du deine Füße unter meinem Tisch hast...

Posteri

Nachkommen. Sofern in der Familie solche vorkommen.

Prodenda, quia prodita

Sie sind zu überliefern, weil sie überliefert sind. Sprich: Man sollte sein Wissen von Generation zu Generation weitergeben. Falls man eines besitzt...

Qui asinum non potest, stratum caedit

Wer den Esel nicht (schlagen) kann, schlägt den Packsattel. Den Sack schlägt man, den Esel meint man, heißt es, wenn jemand seine Wut an einem Schwächeren ausläßt, weil er sich gegen den Stärkeren nicht traut.

Quieta non movere

Was ruht, soll man nicht aufrühren, war ein Wahlspruch Bismarcks. Schwamm drüber.

Sic volo, sic iubeo

So will ich, so befehle ich. Lebensphilosophie aller Trotzköpfe: Ich habe zwar keine Argumente. Aber mein Wunsch hat gefälligst Befehl zu sein, basta! Gilt vor allem – aber nicht nur – bei Fünfjährigen, in der Pubertät sowie in der midlife crisis.

Tertium non datur

Ein Drittes gibt es nicht. Besonders in Erinnerung geblieben ist mir in diesem Zusammenhang der Ausspruch des berühmten amerikanischen Schauspielers Danny Kaye im Film „Jakobowsky und der Oberst“: „Es gibt immer *zwei* Möglichkeiten.“ Manchmal allerdings hat man sogar nur die Wahl zwischen einer einzigen Möglichkeit.

Tertius gaudens

Der Dritte, der sich freut, wenn zwei sich streiten.

Kapitel III

Citius, altius, fortius – schneller, höher, weiter!

Es lebe der Sport! Denn gut zitiert ist bereits halb gewonnen. Weil jeder Gegner vor Neid erblaßt, wenn man ihm mit Bildung kommt.

Ad interim

In der Zwischenzeit. Ein Interimstrainer soll meist nur eine Zwischenlösung sein. Aber bekanntlich hält ja nichts länger als ein Provisorium. Und manchmal zeigen gerade Notlösungen, wozu sie fähig sind. Das gilt nicht nur für den Sport.

Ad meliorem

Auf bessere Zeiten – hofft der Trainer, wenn seine Mannschaft am Saisonende mal wieder den letzten Platz in der Fußball-C-Klasse belegt hat. Ein Trost: Von dort aus kann man nicht mehr absteigen!

Ad spectatores

Zu den Zuschauern. Früher brauchte man bei bestimmten Sportarten noch Zuschauer. Heute sind die Sportler gelegentlich ganz gern unter sich, sofern eine Fernsehanstalt und/oder ein Sponsor ordentlich löhnen. Für das p. p. Publikum gibt's in der Zwischenzeit in einem Nebenraum Kaviar und Sekt.

Alea iacta est

Der Würfel ist gefallen. Der Spieler, der diesen Spruch als erster getan haben soll, hieß übrigens Cäsar, als er sich am 10./11. Januar 49 v. Chr. entschloß, den Rubikon zu überqueren, ein kleines Flüßchen im Apennin, das die Grenze zwischen Italien und Gallia Cisalpina war. Cäsars Entscheidung führte zum Bürgerkrieg gegen Pom-

Barba non facit philosophum.
Der Bart (allein) macht (noch) keinen Philosophen.

Sui generis
Von seiner eigenen Art.

peius. Eine Spielbank soll er bei seiner Überquerung dem Vernehmen nach nicht besucht haben…

Arbiter elegantiarum

Schiedsrichter in Angelegenheiten des Geschmacks. So wurde ein gewisser Petronius genannt, den der berühmt-berüchtigte Kaiser Nero zu seinem Vertrauten hatte. Erinnern Sie sich noch an „Quo vadis?“, den berühmten Hollywoodschinken von 1951, in dem „Nero“ Peter Ustinov andauernd diesen armen Petronius (und die Kinogänger) mit seinem Gesang schikanierte?

Asinus ad lyram

Der Esel zur Lyra. Kritik am Schiedsrichter: Der hat zum Fußball ein Verhältnis wie der Esel zur Lyra bzw. die Kuh zum Fahrradfahren!

Concordia res parvae crescunt, discordia maximae dilabuntur

Durch Eintracht wächst Kleines, durch Zwietracht zerfällt das Größte. Deshalb hat der gute alte Sepp Herberger immer gesagt: Elf Freunde müßt ihr sein! Wobei mancher Sportverein besser „Zwietracht“ als „Eintracht“ hieße…

Ex aequo

Aufgrund des Gleichen. Kurz: Unentschieden. Heutzutage wird im Sport ja auf Hundertstelsekunden gemessen, auf daß es nur ja einen Sieger gebe! Zur Not per Elfmeterschießen.

Ex propriis

Aus eigener Kraft den Klassenerhalt schaffen. Die Hoffnung vieler abstiegsgefährdeten Mannschaften. Meist wird der „eigenen Kraft“ nachgeholfen, indem man den erfolglosen Trainer feuert.

Exercitatio artem parat

Die Übung verschafft die Kunst. Übung macht den Meister.

Non potest athleta magnos spiritus ad certamen adferre, qui numquam suggilatus est

Ein Athlet, der nie grün und blau geschlagen worden ist, wird keinen großen Kampfgeist zum Wettkampf mitbringen. Also doch: Sport ist Mord!

Quid tibi vitandum praecipue existimem, quaeris: turbam

Du fragst, was du meiner Meinung nach vor allem meiden solltest: die große Masse. Mit diesem Gedanken tröstet sich der Vereinskassier, wenn das Stadion mal wieder gähnend leer ist.

Festina lente

Eile langsam. Oder: Eile mit Weile. Vielleicht nicht ganz das richtige Motto auf dem Weg zum Olympiasieg. Aber immerhin wurde Kaiser Augustus (63 v.–14 n. Chr.) berühmt mit – oder trotz – dieser Aussage. Er vertrat in diesem Zusammenhang auch die Meinung *Sat celeriter fiere, quidquid fiat satis bene – Was gut genug geschieht, geschieht auch schnell genug.* Das bedeutet so ungefähr dasselbe.

Fortes fortuna adiuvat

Den Mutigen hilft das Glück. Mein Tennispartner sagt zu mir immer: Mit den Dummen ist Gott. Das dürfte ungefähr dasselbe bedeuten.

Furor principum

Größenwahn. Besonders bei Tennis- und Fußballcracks proportional zu den Gagen ansteigend.

Hic Rhodus, hic salta!

Hier ist Rhodos, hier spring! Der Schlußsatz einer Fabel des berühmten Fabeldichters Äsop (um 600 v. Chr.). Erzählt wird die Geschichte eines in seiner Heimat als Prahlhans bekannten Fünfkämpfers, dessen einzig nennenswerte Sportart seine große Klappe ist. Als er von einer Tournee zurückkehrt und sich damit brüstet, in Rhodos sogar die Olympiasieger im Weitsprung hinter sich gelassen zu haben, unterbricht ihn ein Zuhörer mit der oben genannten Aufforderung. Das Ergebnis ist nicht bekannt, vermutlich gipfelte es in einer großspurigen Ausrede.

Igni et ferro

Mit Feuer und Eisen. Den Gegner ausrotten – das offensichtliche Ziel vieler Verteidiger in der Fußball-Bundesliga.

In optima forma

In Bestform. Der Stoff, aus dem Weltmeister gemacht sind.

Lege artis

Nach allen Regeln der Kunst. Die Aufschläge von Boris Becker, die Slaloms von Ingemar Stenmark, die K. o. s von Muhammed Ali, die Tore von Rudi Völler – das war und ist Sport nach allen Regeln der Kunst.

Leniter malo perstringi

Leicht von einem Übel getroffen werden. Mit einem blauen Auge davonkommen. Beim Boxen etwas Alltägliches. Im richtigen Leben schlägt das Schicksal mitunter härter zu ...

Locus minoris resistentiae

Ort des geringeren Widerstandes. Schwachpunkt, Achillesferse – welcher Mensch hätte keine! Im Sport jedoch meist eine sehr hinderliche Angelegenheit, vor allem, wenn sie reißt.

Longe inferiorem esse aliquo

Jemandem klar unterlegen sein. So in etwa mit meinem Tennis-Standardergebnis: 0:6, 0:6.

Male parta male dilabuntur

Wie gewonnen, so zerronnen. So mancher Weltmeister wurde, ehe er sich versah, zum Waldmeister.

Miles gloriosus

Ruhmreicher Krieger. So eine Art Sportler des Jahres.

Panem et circenses

Brot und Spiele. Im alten Rom erkauften sich die jeweils Herrschenden die Gunst des Pöbels mit Speisen und Spaß aller Arten – wie zum Beispiel dem Zerfleischen niedlicher Gladiatoren durch wilde Tiere. Dieser reizende Brauch findet aktuelle Anknüpfungspunkte in Fußball-Länderspielen, Autorennen und Tennis-Grand-Prix-Turnieren. Allerdings verdienen die heutigen Gladiatoren ein bißchen besser.

Post cenam stabis, aut mille passus meabis

Nach dem Essen sollst du ruhn oder tausend Schritte tun. Das zweitberühmteste Zitat aus Goethes „Götz von Berlichingen“. Die aktuelle Form lautet: Nach dem Essen sollst du rauchen und dir nicht den Fuß verstauchen.

Pro patria est, dum ludere videmur

Es ist (geschieht) für das Vaterland, wenn wir (auch nur) zu spielen scheinen. „Reitet für Deutschland“ hieß 1941 ein berühmter Film. Und so steht dieser sinnige Spruch auch in den Statuten eines Jockeyverbandes. Allerdings des englischen. Doch zu Zeiten des Turnvaters Jahn – also Ende des 19. Jahrhunderts – zierte dieser Spruch auch so manches Turnhallen-Eingangstor. Zugesprochen wird er dem Ostgotenkönig Theoderich, der im 6. Jahrhundert die Auffassung vertrat, daß es besser sei, kleine Zugeständnisse zu machen, als alles mit Gewalt durchzusetzen.

Sui generis

Von seiner eigenen Art. Von besonderer Klasse. Erinnern Sie sich noch an den „genialen“ englischen Skispringer Eddie Edwards? Der war so einer.

Una salus victis nullum sperare salutem

Die einzige Rettung für die Besiegten ist, auf keine Rettung zu hoffen. Damit wird allerdings im Kampf gegen den Abstieg nur selten ein Blumentopf zu gewinnen sein.

Unus pro multis

Einer für viele. Sprich: einer für alle. Warum es niemanden wundern darf, wenn eine bunt zusammengewürfelte Startruppe von einem Dorfklub blamiert wird: Elf gute Fußballspieler machen eben noch lange keine Mannschaft.

Veni, vidi, vici

Ich kam, sah und siegte. Bis zum Gehtnichtmehr ausgelutschtes Zitat Cäsars, mit dem dieser seinen Sieg über Pharnaces II. im Jahr 47 v. Chr. verkündete, und zwar in einem Brief an seinen Freund Amintius.

Kapitel IV

De gustibus non est disputandum – über Geschmack läßt sich nicht streiten

Doch gerade, weil Geschmäcker verschieden sind und sich der Zeitgeist täglich ändert, sind Sie mit diesen Sprüchen rund um die „Szene“ auch morgen noch absolut „in“.

Ab igne ignem

Feuer vom Feuer – eine beliebte Art, seinen Glimmstengel anzuzünden: ihn an der Glut einer anderen Zigarette zu entfachen. Wird allerdings immer schwieriger, weil es immer weniger Raucher gibt.

Abi in malam crucem

Geh zum Teufel – vornehmer als auf Lateinisch kann man dies ja wohl nicht mehr ausdrücken!

Absit

Das sei ferne! Bleib mir bloß weg! Mundgeruch macht einsam ...

A capite ad calcem

Von Kopf bis Fuß – besitzen wir einen ganz einfachen Geschmack: von allem nur das Beste! Lacoste, was es wolle. Geld spielt keine Rolex.

Acer potor

Ein trinkfester Zecher – muß man sein, um in gewissen Kreisen etwas zu gelten. Bis zur bitteren Neige.

Ad se atque suos mores redire

Zu sich und zu seinen Sitten zurückkehren. Sich wieder auf das Alte besinnen. Oldies but goodies ...

Aetas volat

Die Zeit entflieht schnell! Geheimratsecken. Bierbäuchlein und Lachfalten machen im Lauf der Jahre aus dem schönsten Schönling ein normales Wesen.

Alias

Anders, sonst. Unter anderem Namen. Schriftsteller und Schlagersänger gebrauchen das neudeutsche Wort Pseudonym dafür. Vermutlich meist aus ein- und demselben Grund: Weil sie sich schämen, ihren richtigen Namen für das herzugeben, was sie verbrochen haben.

Ars longa vita brevis

Die Kunst ist lang, das Leben kurz. Hemingway ist tot, die Marx Brothers sind tot, Elvis lebt nicht mehr, und ich fühle mich auch schon seit ein paar Tagen ganz schön mies.

Artes liberales

Die freien Künste. Gemeint sind die sieben Wissenschaften, die einem „freien“ Menschen zukommen. Sie werden in zwei Gruppen unterteilt:
- das Trivium: Grammatik, Dialektik, Rhetorik
- das Quadrivium: Arithmetik, Geometrie, Astronomie, Musik
- den Endiviensalat – halt, der gehört hier nicht her.

Barba non facit philosophum

Der Bart (allein) macht (noch) keinen Philosophen. Sprich: Modellkleider allein machen nicht aus jeder

Frau ein Mannequin. Und nicht jeder Typ mit Borsalinohut ist gleich ein Humphrey Bogart.

Bene vixit, qui bene latuit

Gut hat der sein Leben geführt, der sich gut verborgen hat. Diese Auffassung Ovids war vielleicht mal vor 2000 Jahren „in", doch im Zeitalter der Massenmedien gilt es, die Werbetrommeln zu rühren. Oder wollen Sie etwa sagen, Sie waren nicht auf meiner letzten Vernissage, Verehrteste(r)?

Bibamus

Lasset und trinken! Ein Grund findet sich immer.

Cantilenam eandem canis

Du singst dasselbe Lied. Es ist immer dieselbe Leier, die diesem törichten Modeschöpfer einfällt. Nur die Preise steigen jedesmal – und das gewaltig.

Cantores amant humores

Sänger lieben Nasses. Aber Alkohol muß drin sein.

Cucullus non facit monachum

Die Kutte macht nicht den Mönch. Frei übersetzt: Auf den Inhalt kommt es an. Aber manchmal ist eben auch die Verpackung ganz schön entscheidend. Dazu paßt dann die nächste Weisheit:

Cultus magnificus addit hominibus auctoritatem

Eine großartige Lebensweise steigert das Ansehen der Menschen. Scheinen statt sein oder: Kleider machen Leute.

Cum insantientibus furere necesse est

Man muß im Kreis von Verrückten verrückt sein. Manchmal ist es besser, mit den Wölfen zu heulen, damit sie einen nicht auffressen. Bussi, Bussi …

Decies repetita placebit

Es wird auch noch gefallen, wenn es zehnmal wiederholt wurde. Damit meinte Horaz Kunstwerke, die dem Betrachter auch nach mehrmaligem Anschauen immer noch Freude bereiten – zum Beispiel dieses Buch …

Edite, bibite, collegiales!

Esset, trinket, Freunde! Reim eines alten Studentenliedes. Eine Aufforderung, der man gerne nachkommt.

Ex oriente lux

Aus dem Osten kommt das Licht. Unsere Vorfahren waren der Meinung, daß alles Gute aus dem Osten kommt, weil ja dort die Sonne aufgeht. Eine Anschauung, die von vielen Meditationsjüngern und Linken geteilt wird, die aber durch die politischen Ereignisse zu Beginn der 90er Jahre einige Kratzer bekommen hat.

Facta loquuntur

Die Tatsachen reden. Bei manchen Leuten muß man nur aufs Outfit schauen, um zu wissen, daß sie nicht viel im Kopf haben können.

Furor poeticus

Dichterische Begeisterung. Ging gelegentlich mit dem Autor dieses Buches durch.

Fulmen in clausula

Der Blitz am Schluß. Die Pointe.

Genius loci

Der Geist des Ortes. Gemeint ist eine bestimmte Atmosphäre, die von etwas oder jemandem ausgeht – zum Beispiel die unvergleichliche Aura unserer Stehpizzeria.

Genus irritabile vatum

Das empfindsame Geschlecht der Dichter. Horaz hat es als erster entdeckt und ich kann Ihnen nur eines raten: Falls Sie einen Dichter treffen, seien Sie nett zu ihm! Die Jungs sind wirklich furchtbar schnell beleidigt.

Hac de re nemo laborabit

Um diese Sache wird sich niemand abmühen, danach kräht kein Hahn. Es ist also nicht der „letzte Schrei“ ...

Hic porci cocti ambulant

Hier laufen die gebratenen Schweine herum. Dies tun sie bekanntlich im Schlaraffenland, zu dem man sich erst durch eine dicke Mauer voll Brei futtern muß und wo einem andauernd Gefahr droht, an gebratenen Tauben zu ersticken, die einem ins Maul fliegen.

Homo novus

Der neue Mann. Gemeint ist der Neureiche, dessen Hirn nicht im selben Umfang gewachsen ist wie sein Reichtum. Im Altertum handelte es sich um jemanden, der es als erster seiner Familie zu etwas gebracht hatte, um einen Neuadligen. Aber so was gibt es heute nur noch in England, wo die Queen verdienstvolle Schau- und Fußballspieler zum „Sir" machen kann.

Homo sum, humani nihil a me alienum puto

Ich bin ein Mensch, nichts Menschliches ist mir fremd. Aus einer Komödie des Stückeschreibers Terenz. Mit dieser Art von Toleranz lebt sich's vermutlich leichter.

Horas non numero nisi serenas

Ich zähle nur die heiteren Stunden. Häufige Inschrift auf Sonnenuhren. Klar: Bei wolkenverhangenem Himmel gibt es keinen Schatten.

Horribile visu

Schrecklich anzusehen. Aber wenn die anderen ebenfalls mit der scheußlichen neuen Mode gehen – was will man machen?

In dulci iubilo

In süßem Jubel. Anfang eines alten Weihnachtsliedes aus dem 14. Jahrhundert. Später wurde das eher Abwertende „In Saus und Braus“ draus.

Intus omnia dissimilia sint, frons populo nostra conveniat

Auch wenn wir im Inneren ganz anders sein mögen: Äußerlich passen wir uns der Welt an. Man nennt so was Mode.

In vino veritas

Im Wein (ist) Wahrheit. Will sagen: Betrunkene (und Kinder) sagen die Wahrheit.

Laterna magica

Zauberlaterne. 1650 erfand der Jesuitenpater Athanasius Kircher einen Projektionsapparat für Diapositive. Viel, viel später, nämlich anläßlich der Weltausstellung 1958 in Brüssel, wurde für den tschechoslowakischen Pavillon ein Montageverfahren entwickelt, das eben jenes alte Prinzip in Verbindung mit Filmaufnahmen kombinierte. Der Erfolg war riesig, und seitdem gibt es in Prag unweit des Wenzelplatzes ein stets ausverkauftes Theater, das sich der „Laterna magica“ verschrieben hat.

Lex mihi ars

Die Kunst (ist) mir Gesetz. Gerüchtehalber handelt es

sich bei diesem Künstlerwahlspruch um das Originalzitat aus der Urversion von Goethes „Götz von Berlichingen“. Aber ein verwirrter Korrektor hat daraus den meistzitierten Fluch aller Zeiten gemacht.

Licentia poetica

Dichterische Freiheit. So nennt man es, wenn bei einem Roman, einem Fernsehkrimi oder einer Biografie kein Mensch mehr durchblickt. Würde sich ein Handwerker ähnliches leisten, wäre vermutlich von Pfusch und Schlamperei die Rede ...

Meum est propositum in taberna mori

Meine Vorstellung ist es, in der Kneipe zu sterben. Aber vorher geb' ich noch 'ne Runde aus. Dann kann der Wirt sehen, wer ihm die Zeche zahlt ...

Mixtum compositum

Zusammengesetztes Gemisch. Wildes Durcheinander, Mixed Pickles, Tuttifrutti, Nouvelle cuisine, dieses Buch und ähnliches.

Multi te laudant: ecquid habes, cur placeas tibi, si is es, quem intellegant multi?

Viele loben dich: Hast du Grund, mit dir zufrieden zu sein, wenn du einer bist, den viele verstehen? Na – immer noch besser, als ein verkanntes und verspottetes Genie zu sein und ständig pleite!

Multorum opera res turbantur

Durch die Beteiligung vieler werden die Dinge verdorben. Viele Köche verderben den Brei. Ein Hoch den Einzelkämpfern!

Ne quid nimis!

Nichts zu sehr! Das sage ich mir auch immer am Morgen, wenn mir mein schwerer Kopf beweist, daß am Abend zuvor das letzte der zwölf Bierchen wieder irgendwie nicht in Ordnung war. Und beim nächstenmal? Die ganzen guten Vorsätze wieder im Eimer! Es ist doch immer dasselbe ...

Nec aspera terrent

Auch Widerwärtigkeiten schrecken nicht. Sprache der Punker.

Non plus ultra

Nicht mehr darüber hinaus. Das absolute Obersuperhyperwahnsinnsdings; das, was uns die Werbung jeden Tag mit ihren neuen Produkten vorgaukelt – alter Wein in neuen Schläuchen, den keiner trinken mag.

Non sum uni angulo natus, patria mea totus hic mundus est

Nicht für einen Winkel bin ich geboren – mein Vaterland ist die ganze Welt. Und warte nur, bis die erste Maschine zum Mars fliegt! Ich bin dabei, null problemo!

Nullum magnum ingenium sine mixtura dementiae fuit

Es hat keinen großen Geist ohne eine Beigabe von Verrücktheit gegeben. Mit dieser Erkenntnis hat Seneca angeblich die großen griechischen Gelehrten Plato und Aristoteles gemeint. Aristoteles war sich dieser Tatsache wohl bewußt, zumindest wenn man Cicero glauben darf. Der stellt nämlich fest: *Aristoteles quidem ait omnes ingeniosos melancholicos esse – Aristoteles sagt, alle großen Geister seien Melancholiker.*

Oculi avidiores sunt quam venter

Die Augen sind weiter offen als der Bauch. Die Augen sind größer als der Magen. Wer diese Weisheit von sich gab, kannte die teuren Freßtempel unserer Tage nicht. Wer dort nach dem siebten Gang hungrig das Lokal verläßt, schiebt sich danach meist noch woanders eine Currywurst rein, um satt zu werden.

O tempora o mores

O Zeiten, o Sitten. Vermutlich war Cicero nicht der erste, der sich über seine Zeit wunderte. Das zum Trost allen Eltern, denen manches an ihren Sprößlingen verwegen vorkommt: Schon im alten Rom war es keinen Deut anders!

Poeta laureatus

Ein mit Lorbeer gekrönter Dichter. Früher wurden bedeutende Dichter mit einem Lorbeerkranz geehrt. Heute sind die Honorare meist auch nicht viel größer, wenn man nicht gerade Simmel heißt.

Post festum

Nach dem Fest. Und wer erst dann kommt, wenn das Fest vorüber ist ,was kommt der? Richtig: zu spät! Womit wir die Bedeutung dieses Begriffs umrissen hätten.

Post scriptum

Nach der Schrift. Wer heutzutage etwas auf sich hält, fügt allem, was er zu Papier bringt, noch ein PS an. Psychologen haben in Erfahrung gebracht, daß diesem PS zum Beispiel in Werbebriefen besondere Beachtung geschenkt wird. Mir ist allerdings schleierhaft, warum jemand glaubt, daß etwas am Schluß eines Textes wichtiger ist als im Hauptteil. PS: Falls Sie einen Blick auf mein Vor(!)wort werfen möchten: Dort finden Sie ebenfalls ein – völlig belangloses – PS. *Quod erat demonstrandum – was zu beweisen war!*

Rara avis

Ein seltener Vogel. Seltene Vögel treiben sich ja gerade in den Bereichen von Mode und Kunst mehr als genug herum. Gäbe es sie nicht, würde die Menschheit vermutlich immer noch im Lendenschurz herumlaufen. Oder nicht einmal das.

Sectio aurea

Der Goldene Schnitt. Ein Begriff aus der Baukunst, der besagt: Der größere Abschnitt verhält sich zur ganzen Strecke wie der kleinere Abschnitt zum größeren. Fragen Sie mich nicht, was das soll!

Servus

Diener. Ein im süddeutschen Raum beliebtes Begrüßungs- oder Abschiedswort. Einst sang und sagte man in Österreich „Sag beim Abschied leise: Servus“ oder „g'schamster Diener“ – sprich: Ganz der Ihre. Das heutige „Servus“ hat allerdings etwas viel Lässigeres an sich.

Sic itur ad astra

So steigt man zu den Sternen empor. Vergil wollte damit auf eine bedeutende Tat hinweisen. Heutzutage kann man auch als eher unbedeutendes Licht ein Star werden. Zur Not helfen geniale Tontechniker oder Schönheitschirurgen mit Ganzkörperoperationen nach.

Sub divo

Unter freiem Himmel. Open-air, wie es auf neudeutsch heißt.

Totus mundus agit histrionem

Die ganze Welt macht den Schauspieler. Will sagen: Das Leben ist nur eine Bühne und wir sind mehr oder weniger gehobene Statisten. William Shakespeare ist im zweiten Akt von „Wie es euch gefällt“ näher auf diesen Umstand eingegangen.

Tunica propior pallio

Das Hemd ist mir näher als der Rock, behauptete im 3. Jahrhundert vor Christus der römische Dichter Plautus. An anderer Stelle sagt er: *Proximus sum egomet mihi – Ich bin mir selbst der Nächste.* Muß ein ganz schöner Egoist gewesen sein...

Vis comica

Kraft der Komik. Was gibt es Schöneres, als Menschen zum Lachen zu bringen?

Kapitel V

Non scholae, set vitae discimus – nicht für das Leben, sondern für die Schule lernen wir

Trotz dieser klugen Weisheit des Herrn Seneca: Hier einmal jede Menge Sprüche nicht fürs Leben, sondern für die Schule.

Ab imo pectore

Aus tiefster Brust – kann man seiner Verachtung über die unangekündigte Mathearbeit Ausdruck verleihen. Nur wird das leider beim Lehrer wenig Eindruck hinterlassen.

Ad loca!

Auf die Plätze! Wäre eine Alternative zum ätzenden „Setzen!", mit dem viele Pauker tagtäglich den Unterricht beginnen.

Ad modum tenui filo suspensum esse

Am seidenen Faden hängen – ein besonders zum Schuljahresende stets von neuem beliebtes Gesellschaftsspiel, wenn sich die Frage erhebt, ob die Ehrenrunde in diesem Jahr verhindert werden kann oder nicht.

Ad rem

Zur Sache! Gefürchtete Lehreraufforderung an Schüler, die sich mit ausschweifendem Blabla an der richtigen Antwort vorbeimogeln wollen!

Alma mater

Die Nährmutter. Gemeint ist die Universität, die den Nährboden für geistigen Reichtum bereiten soll.

Animus in patellis est

Der Geist ist in der Schüssel. Da ist jemand geistesabwesend.

Canis a non canendo

Der Hund (heißt Hund), weil er nicht singt. Ein typisches Beispiel dafür, daß manchmal bei Übersetzungen der Wortwitz verloren geht. Gegenbeispiel: Die Haut heißt Haut, weil man darauf haut.

Consilium abeundi

Der Rat wegzugehen. Da „consilium" auch Beschluß heißt, ist mit dieser Redewendung nichts anderes gemeint als der Rausschmiß von der Schule.

Credo, quia absurdum

Ich glaube, weil es widersinnig ist. Auf diesem Prinzip scheint unser Bildungsprinzip aufgebaut zu sein: Gegebenheiten zu akzeptieren, die unseren Verstand übersteigen. Mathematik beispielsweise. Oder Latein.

Crimen laesae maiestatis

Das Verbrechen der Majestätsbeleidigung. Der Grund, der uns davor zurückhält, dem geliebten Lehrer einmal so richtig die Meinung zu geigen.

Dies diem docet

Ein Tag lehrt den anderen. Aus Erfahrung wird man klug. Manchmal.

Discite, moniti!

Lernt, ihr seid gewarnt! Sagte schon Vergil in der „Äneis". Dabei war der Dichter und nicht Pauker...

Dixi

Ich habe gesprochen. Von Karl May in die Apachensprache übersetzt: Hugh! Widerspruch zwecklos. Schüleralltag.

Dum differtur, vita transcurrit

Während man es aufschiebt, geht das Leben vorüber. Vermutlich sind hiermit nicht die Hausaufgaben gemeint, denn in deren Fall geht das Leben vorüber, während man sie *macht.*

Exempla docent

Beispiele lehren. Das tun sie in diesem Buch andauernd, gell?

Exemplum statuere

Zur Abschreckung bestrafen. Ein einziger Verweis kann manchmal eine ganze aufmüpfige Klasse zur Vernunft bringen. Ich weiß das. In meiner Schülerzeit war ich ein beliebtes Exempel.

Expressis verbis

Mit ausdrücklichen Worten, wortwörtlich. Der Ärger bei Übersetzungen ist, daß immer darauf bestanden wird, daß sie stimmen.

Finis coronat opus

Das Ende krönt das Werk. Ende gut, alles gut – unausgesprochenes Motto einer jeden Schulabschlußfeier.

Gallia est omnis divisa in partes tres...

Gallien ist als Ganzes in drei Teile gegliedert... Welcher arme Lateinschüler hat nicht bis zum Erbrechen den Beginn von Cäsars „De Bello Gallico" aufsagen müssen. Wissen Sie noch, welches die drei Teile waren? Hier die Lösung:

...von denen einen Teil die Belger bewohnen, einen anderen die Aquitaner, den dritten die Völker, die in deren eigenen Sprache Kelten, in der unseren Gallier genannt werden.

Graeca sunt, non leguntur

Das sind griechische (Begriffe), das wird nicht gelesen. Was soviel heißt: Das kapiert sowieso kein Mensch, das ist zu kompliziert. Das sind böhmische Dörfer für mich. Seinen Ursprung hat dieser Spruch im Mittelalter, als viele sogenannte Gelehrte mit bestimmten Quellen nichts anfangen konnten, weil sie der griechischen Sprache nicht mächtig waren. Umberto Ecos berühmter Roman „Der Name der Rose" läßt etwas von dieser Einstellung durchschimmern. Schließlich sind ja nicht zuletzt die griechischen Bücher die Wurzel der ganzen Morde.

Homines, cum docent, discunt

Die Menschen lernen beim Lehren, stellte Seneca der Jüngere fest. Es soll aber auch unbelehrbare Lehrer geben.

Iam scis patrem tuum mercedes perdidisse

Du wirst bald merken, daß dein Vater das Lehrgeld hinausgeworfen hat. Gibt es trübere Erfahrungen für Eltern als die, daß ihre Kinder auch nicht besser sind als sie selbst?

Iliacos intra muros peccatur et extra

Innerhalb und außerhalb der Mauern von Troja (Ilium) wird gesündigt. Sprich: Auf der ganzen Welt werden Fehler gemacht. Darauf könnte man seinen Lehrer ruhig mal hinweisen.

In cauda venenum

Im Schwanz (befindet sich) das Gift. Gemeint ist der Schwanz des Skorpions, in dessen Schwanzende sich sein tödliches Gift befindet. Bei uns heißt der Spruch: Das dicke Ende kommt noch. Spätestens am Tag, an dem es Zeugnisse gibt.

In magnis et voluisse sat est

Im Großen ist es auch genug, gewollt zu haben. Der gute Wille war jedenfalls vorhanden. Was kann unsereins dafür, daß die Matheaufgabe dermaßen kompliziert war? Bin ich Einstein?

In teneris discere multum est

Es bedeutet (bringt) viel, in der Jugend zu lernen. Was Hänschen nicht lernt, lernt Hans nimmermehr.

Istud, quod tu summum putas, gradus est

Was du für den Gipfel hältst, ist nur eine Stufe. Soll das heißen, meine Noten können noch schlechter werden?

Longum iter est per praecepta, breve et efficax per exempla

Lang ist der Weg durch Lehren, kurz und wirkungsvoll durch Beispiele. Weshalb die Methode „learning by doing“ so beliebt geworden ist. Man nennt das auch „Ins kalte Wasser geworfen werden“.

Manum de tabula!

Die Hand von der Tafel! Mit diesem Ausruf will der gute Cicero die Klasse mahnen, die Schmierereien an der Tafel zu lassen. Der Lehrer ist schneller da, als man denkt! Und dann gibt’s Zoff!

Numerus clausus

Die geschlossene Anzahl. Die Zahl der Zulassungen beim Studium ist eben in manchen Fächern begrenzt. Wer clever ist, macht sowieso besser eine vernünftige Lehre. Bei dem heutigen Mangel an Handwerkern läßt sich damit später viel mehr Geld verdienen als mit dem schönsten Doktortitel.

Plenus venter non studet libenter

Ein voller Bauch studiert nicht gern. Lieber gut gegessen als schlecht gelernt.

Pons asini

Eselsbrücke. Baut man sich gern vor Prüfungen, um sich bestimmte Dinge zu merken. Erstaunlicherweise ist es manchmal viel komplizierter, sich eine Eselsbrücke zu merken, als den Lernstoff an sich. Aber es funktioniert meist trotzdem.

Potius sero quam numquam

Lieber spät als niemals. Antwort auf die ärgerliche Frage des Lehrers, warum der Schüler heute schon wieder fünf Minuten zu spät zum Unterricht erschienen ist.

Primo loco

An erster Stelle. Bewerben sich mehrere Kandidaten um einen Lehrstuhl an der Hochschule, werden sie primo, secundo, tertio, quattuor etc. loco aufgelistet. Genommen wird dann der mit den besten Beziehungen zum Prüfungskomitee.

Quae nocent, docent

Was schadet, lehrt. Gemeint ist hier nicht der Lehrer, der dem Schüler mit seiner Notengebung schadet, sondern das deutsche Sprichwort, daß man aus Schaden klug wird. Was ja auch nicht immer stimmt.

Quod erat demonstrandum

Was zu beweisen war. Berühmte letzte Worte des Chemielehrers, nachdem bei einem Versuch mit einem „völlig harmlosen Pulver“ das Klassenzimmer in die Luft geflogen ist. Stammt ursprünglich von Euklid (um 300 v. Chr.), der als „Vater der Geometrie“ gilt.

Referat

Er soll berichten. Was heißt da: Er soll? Tut er's nicht, gibt's 'ne Sechs ...

Repetitio est mater studiorum

Das Wiederholen ist die Mutter der Studien. Das habe ich schon zu meiner Schulzeit nicht gern gehört. Deswegen habe ich auch gleich eine ganze Klasse wiederholt (die 12., um genau zu sein wegen Mathe und Latein.) *Sic! – So!* Für den Fall, daß mir jemand nicht glaubt, wird dieser Aufruf zur Verstärkung hinzugefügt.

Res severa est verum gaudium

Eine ernste Sache ist die wahre Freude. Wer mit dieser Einstellung an wichtige Prüfungen herangeht, hat schon halb gewonnen. Übrigens findet sich dieser Spruch als Inschrift am Leipziger Gewandhaus – ganz schön beziehungsreich ...

Salvo errore calculi

Mit Vorbehalt eines Rechenfehlers. Empfiehlt sich, stets unter die Mathehausaufgaben zu schreiben.

Salvo errore et omissione

Mit Vorbehalt von Irrtum und Auslassung. Wäre das nichts für den Schluß des nächsten Besinnungsaufsatzes? Kann auch abgekürzt werden: S. E. & O.

Spem metus sequitur

Der Hoffnung Begleiter ist die Furcht. Bekannter Zustand, während die Ergebnisse der aktuellen Klassenarbeit bekanntgegeben werden.

Spiritus rector

Der leitende Geist. Hier ist oft der geistliche Leiter einer Schule gemeint. Manchmal fühlt sich z. B. der Hausmeister zu diesem Amt berufen. Ich hörte mal von einem, der immer mit dem Satz glänzte: „Der Herr Direktor und ich haben beschlossen ..."

Summa cum laude

Mit höchstem Lob. Das Traumergebnis einer akademischen Abschlußprüfung – sozusagen der Einser. „Magna cum laude" ist der Zweier, „Cum laude" der Dreier, der lausige Rest ist Schweigen.

Sunt pueri

Es sind Knaben. Es sind halt noch Kinder – ein Trost, wenn die lieben Kleinen mal wieder nur Unsinn im Sinn haben.

Testimonium paupertatis

Zeugnis der Bedürftigkeit, Armutszeugnis. Tröstlich, daß diese Art Zeugnis auch nach der Schulzeit ausgestellt wird. Weniger tröstlich: Es wird kaum jemanden geben, der es nicht auf irgendwelchen Gebieten immer mal wieder vor die Nase gehalten bekommt.

Ut sementem feceris, ita metes

Was du gesät hast, wirst du ernten. Wie schon der Berliner sagt: Von nischt kommt nischt! Und damit dieses Buch auch wirklich einen Lerneffekt hat: Die zeitgerechte Übersetzung müßte sogar lauten *Wie du gesät haben wirst, so wirst du ernten.* Aber so spricht nun heutzutage wirklich kein Mensch...

Kapitel VI

Maiore tormento pecunia possidetur quam quaeritur – Geld zu besitzen ist eine noch größere Tortur als es zu erwerben.

Dieses Kapitel ist den Themen Broterwerb und Besitz gewidmet. Der Leser erwirbt sich hier auf alle Fälle geistigen Besitz.

Ab alio amentatas hastas torquere

Die Pfeile verschießen, die ein anderer geschnitzt hat – ein immer wieder beliebtes Spiel unserer Vorgesetzten: Man selbst hat die Arbeit, sie heimsen die Meriten ein.

Abducet praedam, qui occurrit prior

Wer zuerst kommt, mahlt zuerst. Es soll Chefs geben, die vor der Tür zu ihrem Büro einen Zebrastreifen haben anbringen lassen – damit auch die Fußgänger eine Chance haben. Und nicht nur „Radfahrer".

Accipitri columbas credere

Dem Habicht Tauben anvertrauen, den Bock zum Gärtner machen. Wer kennt das nicht? Ausgerechnet die Leute, die zu allem fähig, aber zu nichts zu gebrauchen sind, werden einem vor die Nase gesetzt.

Acti labores iucundi oder *Gaudium laboris acti*

Nach getaner Arbeit ist gut ruhn. Wie wahr! Aber wann ist unsereins schon mal mit seiner Arbeit fertig?

Acu tetigisti

Du hast den Nagel auf den Kopf getroffen. Aber hat es ausgerechnet mein Daumennagel sein müssen?

Ad latus

Zur Seite. Haben Sie auch einen Adlatus, also einen, der Ihnen zur Seite steht? Oder schikanieren Sie keine Azubi?

Adversae res admonent religionem

Not lehrt beten – Falls Sie Ihrem Chef in letzter Zeit sonntags häufiger mal in der Kirche begegnet sind: Ich fürchte, es gibt Probleme mit Ihrer Firmenbilanz...

Animum debes mutare, non caelum

Deine Einstellung mußt du ändern, nicht deinen Aufenthaltsort. Wollten Sie nicht noch mal über Ihre Kündigung nachdenken? Woanders ist es selten besser.

Aquila non captat muscas

Ein Adler fängt keine Fliegen. Man kann sich schließlich nicht um jeden Mist selber kümmern.

Audiatur et altera pars

Man höre auch die andere Partei. Ein alter Rechtsgrundsatz, der schon bei Seneca galt: Kein Urteil, ohne beide Seiten gehört zu haben.

Avaritia omnia vitia habet

Der Geiz ist die Wurzel allen Übels. Cato d. Ä. mit dem Seufzer der Gewerkschaftsfunktionäre bei Tarifauseinandersetzungen.

Beati possidentes

Glücklich die Besitzenden. Erste kapitalistische Grundregel.

Carpe diem!

Pflücke den Tag! Laß den Tag nicht sinnlos vorübergehen, meint Horaz. Na ja, manchmal fällt beim Pflücken auch ein faules Früchtchen vom Baum des Lebens. Solche Tage soll's ja geben.

Castigare verbis

Mit Worten züchtigen. Jemanden zusammenstauchen, daß er in keinen Schuh mehr paßt.

Causa finita est

Die Sache ist entschieden. Lautete das letzte Wort des Personalchefs bei der Bitte um Gehaltserhöhung. Er hätte auch schlicht „Nein“ sagen können.

Crescentem sequitur cura pecuniam

Dem wachsenden Geld folgt die Sorge, bemerkte Horaz. Manche Sorgen möchte ich haben...

Cuius regio, eius religio

Wessen Gebiet, dessen Religion. Im Augsburger Religionsfrieden von 1555 wurde festgelegt, daß die jeweiligen Landeshäuptlinge bestimmen konnten, welche Konfession ihre Untertanen anzunehmen hatten. Wer sich darüber wundert, sollte ans Berufsleben denken. Da gilt doch auch nicht selten der Spruch: Wes Brot ich eß, des Lied ich sing.

Cum ad summum perveneris, paria sunt

Bist du erst auf den Gipfel gelangt, sind alle gleich. Aber wie bitte kommt man auf den Gipfel?

Curriculum vitae

Lebenslauf. Ein Arbeitgeber, der etwas auf seine humanistische Bildung hält, erbittet auf diese Weise den handgeschriebenen Lebenslauf des Stellenbewerbers.

De nihilo nihil

Aus nichts wird nichts. Und wer nichts wird, wird Wirt. Oder Buchautor. Oder so was Ähnliches.

Deus ex machina

Gott aus der Maschine. Antike Dichter, die mit ihrem Latein am Ende waren, lösten komplizierte Tragödien dadurch, daß sie mit Hilfe eines Kranes einen Schauspieler als Gott von oben auf die Bühne schweben ließen, der die Sache wieder geradebog. Vermutlich sind diese Herrschaften Vorbilder für Konsorten wie Batman, Knightrider, Professor Brinkmann und Co.

Di boni, quantum hominum unus venter exercet!

Große Götter! Wie viele Menschen setzt ein einziger Bauch in Bewegung! Soviel zum Thema „Nouvelle cuisine".

Diem perdidi

Ich habe den Tag verloren! Kaiser Titus (79–81 n. Chr.) soll diesen Ausruf der Verzweiflung von sich gegeben haben, nachdem er eines Abends bemerkte, noch keine gute Tat getan zu haben. Wahrscheinlich handelte es sich bei ihm um den allerersten Pfadfinder. Seine kurze Regierungszeit deutet darauf hin, daß es ganz schön stressig sein muß, ein guter Mensch zu sein. Jedenfalls als Kaiser. Denn innerhalb seiner zweijährigen Amtszeit brach der Vesuv aus, brannte Rom, grasierte eine Pestepidemie und wurde das Kolosseum fertig.

Dies ater

Schwarzer Tag. Für die „schwarzen Tage“ hatte man in Rom fixe Termine: die Tage nach den Iden (Vollmond), Kalenden (Neumond) und Nonen (14. bzw. 16., 2. und 6. bzw. 8. Tag jedes Monats). An solchen Tagen blieb man am besten im Bett. Auf alle Fälle vermied der Römer Geschäfte und Kulthandlungen. Heutzutage kommen die „schwarzen Tage“, wann es ihnen paßt.

Duo cum faciunt idem, non est idem

Wenn zwei dasselbe tun, ist es noch lange nicht dasselbe, sprach der Chef und ging zum Golfspielen, während seine Angestellten Überstunden schoben.

Emeritus

Jemand, der ausgedient hat. Pensionierte Hochschullehrer oder Geistliche werden gern mit der Abkürzung em. versehen.

Errat enim, si quis beneficium accipit libentius quam reddit

Der irrt sich, der lieber eine Wohltat entgegennimmt als erweist. Begründung, mit der eine Gehaltserhöhung abgewiesen wurde.

Experto credite!

Glaubt es (jemandem), der es ausprobiert hat! Diomedes, ein in Italien lebender griechischer Kämpfer, rät König Latinus zu einem Bündnis mit den Trojanern, indem er an seinen eigenen Zweikampf mit Äneas vor Troja erinnert. Die Latiner wollten an und für sich den Griechen zu ihrem Bundesgenossen gegen Äneas machen. Nun, statt auf den Experten zu hören, wird erst mal blutig gekämpft, ehe sich schließlich Äneas und Lavinia, des Königs Töchterlein, verehelichen. Latiner und Trojer vereinigen sich später zu einem Volk. Nachzulesen ist das Ganze bei Vergil, der heutzutage sicherlich einen brillanten TV-Seriendrehbuchautor abgäbe.

Extra

Außerhalb. Meist ist das „Außerhalb“ heutzutage teurer als die *inclusio* – das *Einschließliche.* Zum Beispiel beim Kauf deutscher Autos.

Faber est suae quisque fortunae

Jeder ist seines Glückes Schmied. Allerdings versteht längst nicht jeder, das Eisen zu schmieden, solange es heiß ist.

Fac totum

Tue alles. In fast jeder Firma gibt es mindestens ein Factotum, ein „Mädchen für alles". Nicht selten ein sogenannter Azubi. Oder der Hausmeister. Oder der Chef selber. Letzteres allerdings nie in der Firma, für die unsereiner gerade arbeitet. Die hat ja schließlich mich ...

Fama crescit eundo

Das Gerücht wächst, während es sich verbreitet. Die Methode, um aus einer Mücke einen Elefanten zu machen.

Fas est et ab hoste doceri

Recht ist es, auch vom Feind zu lernen, lehrt Ovid. Damit wurde er sicher einer der Urväter der Spionage.

Fortiter in re, suaviter in modo

Unerbittlich in der Sache, milde in der Form. Typisches Beispiel ist die folgende Aussage eines Personalchefs zum Mitarbeiter: „Ich weiß zwar nicht, lieber Herr Müller, wie unsere Firma ohne Sie weiterexistieren soll, aber wir wollen es mal ab dem nächsten Ersten versuchen."

Gratis

Für den Dank. Undank ist der Welt Lohn. Und der ist auch umsonst. Kennen Sie übrigens den Unterschied zwischen umsonst und vergebens? *Sie* sind umsonst in die Schule gegangen. Ich hingegen – na ja ...

Homo faber

Der Mensch als Handwerker. Der praxisorientierte Mensch. Sein Scheitern wird in dem berühmten Roman von Max Frisch dokumentiert.

Honoris causa

Der Ehre wegen. Die beste Ausrede sich selbst gegenüber, wenn man mal wieder viel zuwenig Lohn für viel zuviel Arbeit bekommen hat. Und natürlich der einzige Doktortitel, den man auch ohne Studium, wenn auch nur selten ohne Verdienste erwerben kann.

Inserat

Er soll einrücken. Die Aufforderung an den Zeitungsmann, das Inserat, also die Annonce, ins Blatt zu setzen.

Istis dicentibus: „Quo usque eadem?" responde: „Quo usque eadem peccabitis?"

Wenn jene sagen: „Wie lange noch immer die gleichen Vorwürfe?", dann antworte ihnen: „Wie lange noch immer die gleichen Fehler?" Gut gegeben!

Iucundi acti labores

Erfreulich sind geleistete Arbeiten. Ich würde die Arbeiten noch viel lieber mögen, die es am besten gar nicht gäbe: Geschirrabtrocknen, Rasenmähen, Schneeschippen ...

Multi sunt, qui ad id, quod non proposuerant scribere, alicuius verbi placentis decore vocentur

Es gibt viele, die sich durch den Glanz eines Wortes verleiten lassen, etwas anderes zu schreiben, als sie sich vorgenommen haben. Diese Herrschaften nennt man gelegentlich Journalisten.

Navigare necesse est, vivere non est necesse

Schiffahrt ist nötig, zu leben ist nicht nötig. Diesen diskussionswürdigen Satz sprach angeblich der Feldherr Pompeius (106–48 v. Chr.) gelassen aus, als sich seine Seeleute weigerten, bei einem Unwetter in See zu stechen. Sie sollten Getreide nach Rom transportieren – und mußten dann schließlich auch los. Heute findet sich der Spruch am Haus der Seefahrt in Bremen.

Nemo ante mortem beatus

Niemand (ist) vor (seinem) Tode glücklich (zu nennen). Der reiche König Krösus von Lydien (546 v. Chr.) wollte wissen, wer der glücklichste Mensch sei. Der Weise Solon gab ihm diese Antwort. Merke: Längst nicht jeder Krösus ist glücklich!

Nervus rerum

Der Nerv der Dinge. Bei manchen sitzt dieser Nerv im Geldbeutel. Und genauso haben schon Demosthenes und Cicero diesen „Nerv“ gesehen: finanzielle Reserven als Nerven oder Sehnen, die die Dinge antreiben. Also doch: Jeder ist käuflich, es kommt nur auf die Summe an. Oder?

Ne sutor supra crepidam

Ein Schuster möge nicht über die Sandale hinaus (urteilen). Schuster, bleib bei deinen Leisten!

Nihil novi sub sole

Nichts Neues unter der Sonne. Im Journalismus nennt man das „Saure-Gurken-Zeit".

Noli turbare curculos meos!

Störe meine Kreise nicht! Die berühmten letzten Worte eines zerstreuten Mathematikers. Archimedes (287–212 v. Chr.) war gerade dabei, ein gewichtiges mathematisches Problem zu lösen, das er mangels Computer in den Sand gemalt hatte. In diesem Moment drangen römische Soldaten in sein Haus ein, die gerade dabei waren, seine Heimatstadt Syrakus zu zerstören. Der Überlieferung nach war ihr Interesse an Archimedes' Matheproblemen gleich null: Sie erschlugen den Gelehrten.

Nolle in causa est, non posse praetenditur

Nicht wollen ist der Grund, nicht können nur der Vorwand. Das *kann* ich Ihnen jetzt nicht näher erläutern.

Nomen est omen

Der Namen ist eine Vorbedeutung. Über jemanden Witze wegen seines Namens zu machen, halte ich für äußerst schwach. Übrigens: Habe ich Ihnen schon erzählt, daß ich mal einen Augenarzt namens Blind kannte?

Non quia difficilia sunt non audemus, sed quia non audemus difficilia sunt

Nicht weil es schwer ist, wagen wir es nicht, sondern es ist schwer, weil wir es nicht wagen. Wage ja keiner, zu widersprechen!

Non serviam

Ich will nicht dienen. Mit diesem Aufschrei erhob sich der Erzengel Luzifer mit seinem Gefolge gegen Gott. Das Ergebnis: Er fuhr zur Hölle. Dieser Umstand wird gern von Diktatoren als Vorwand zur Unterdrückung des Volkes genommen, das gefällig dienen soll, sonst kann es zur Hölle fahren. Nur: Das Volk läßt sich meist nichts mehr gefallen. Und zur Hölle fährt ein anderer...

Nullius boni sine amico iucunda possessio est

Kein Besitz macht Freude, wenn der Freund fehlt. Stimmt: Mancher Boss ist ein ganz schön einsamer Mensch.

Oderint, dum metuant

Mögen sie hassen, wenn sie nur fürchten. Lieblingsspruch eines ungenannt bleiben wollenden Vorstandsvorsitzenden.

Ora et labora!

Bete und arbeite! Nach diesem Grundsatz leben die Benediktinermönche. Und so manche Piloten.

Per procura

In Vollmacht. Wer ppa. in seiner Firma besitzt, der ist schon wer.

Perpetuum mobile

Das unaufhörlich sich Bewegende. Bis heute ist es noch niemandem gelungen, eine Maschine zu bauen, die ununterbrochen arbeitet, ohne daß ihr Energie zugeführt werden muß. Auch wenn das Gesetz von der Erhaltung der Energie längst die Unmöglichkeit einer solchen Tat bewiesen hat: Es gibt immer noch ein paar Daniel Düsentriebs, die auf diese Weise nach dem Nobelpreis haschen.

Principiis obsta!

Widerstehe den Anfängen! Sonst werden Überstunden sehr schnell zum Gewohnheitsrecht der Firma. Aber vermutlich hat Ovid mit seiner Warnung etwas anderes gemeint.

Quid iuris?

Was ist rechtens? Gute Frage!

Sapienti sat

Dem Weisen genügt es. Sollte man Sie in der Firma mit dummen Fragen belästigen, können Sie mit diesem Spruch cool kontern. Den Zusatz: „Den Dummen geht's nichts an!" spart man sich in manchen Fällen allerdings besser . . .

Semper homo bonus tiro est

Immer ist ein guter Mensch ein Anfänger. Sprich: Gute Menschen lassen sich leichter übers Ohr hauen, weil sie einfach nicht begreifen wollen, daß der Rest der Menschheit alle Tricks drauf hat, während man selbst mit offenem Herzen durch die Botanik irrt.

Sine ira et studio

Ohne Zorn und Eifer. So wünscht man sich einen Vorgesetzten: Objektiv, fair, gelassen und immer auf meiner Seite...

Tabula rasa

Die abgewischte Tafel. Im alten Rom wurde auf Wachstafeln geschrieben, die wieder gereinigt werden konnten. So, wie bei uns in der Schule Schiefertafeln verwendet werden. Eine Tafel abwischen heißt also: für Ordnung und klare Verhältnisse sorgen, klar Schiff machen, aufräumen. Und möglicherweise den Unsinn löschen, den man mal verzapft hat. Aber das geht ja zum Glück auch bei modernen Computer-Textverarbeitungssystemen.

Terminus, ad quem

Der Zeitpunkt, bis zu dem..., die Abgabefrist.

Terminus technicus

Maß des Lehrers, fachsprachlicher Begriff – kurz: das Zeug, das es uns nahezu unmöglich macht, Gebrauchsanleitungen zu verstehen, geschweige denn umzusetzen.

Tunica propior palliost

Das Hemd ist mir näher als der Rock. Deshalb: Der brave Mann denkt an sich selbst zuerst! Was auf gut lateinisch heißt: *Proximus sum egomet mihi. Jeder ist sich selbst der Nächste!*

Sub hasta

Unter der Lanze! Die Lanze war im alten Rom bei Versteigerungen das Symbol staatlicher Autorität. Heute verwendet man dazu einen Hammer. Auch ein Zeichen für Autorität...

Utile dulci

Das Nützliche mit dem Angenehmen verbinden. Das tun vor allem die Leute, die mit ihrem Hobby Geld verdienen. Meist wesentlich mehr Geld als die Leute, die unangenehme Jobs haben. Aber wo gibt es schon Gerechtigkeit auf der Welt...

Kapitel VII

Homo sum. Humani nil a me alienum puto – ich bin ein Mensch. Nichts Menschliches ist mir fremd

Liebenswertes über Behörden, Banken und Beamte – also all jene reizenden Errungenschaften und die dazugehörigen Menschen, die den Rest der Welt jeden Tag ein wenig glücklicher machen.

Ab ovo

Vom Ei an, von Anfang an. Das beliebte Spiel auf Ämtern: eine halbe Stunde Schlange stehen, bis einem der Beamte in Zimmer 7 erklärt, er sei nicht zuständig, sondern sein Kollege in Zimmer 12. Und der schickt einen, nach einer halben Stunde Schlange stehen, wieder auf Zimmer 7. Eine unendliche Geschichte, von Anfang an.

Die Story geht im übrigen zurück auf Horaz, der Homer dafür lobt, daß er die Geschichte des Trojanischen Kriegs nicht „vom Ei der Leda" – also von Adam und Eva – zu erzählen beginnt, sondern *medias in res – mitten ins Geschehen* – springt.

Absit omen!

Möge dies keine schlechte Vorbedeutung haben! Kennen Sie diese hübschen grünlich-blauen Briefkuverts mit dem geschmackvollen amtlichen Stempel? Meist ist Ihr Inhalt weniger geschmackvoll ...

Actum ut supra

Geschehen wie oben (geschrieben) – Schlußformel in Protokollen.

Ad acta

Zu den Akten – etwas, das man ablegen kann, am besten in die beliebte Ablage „P" (wie Papierkorb).

Ad calendas Graecas

Wörtl. auf die griechischen Kalenden, also die ersten Monatstage. Da die Griechen keine römische Benennung dieser Tage hatten, bedeutet dies: Am Sankt Nimmerleinstag – sprich, an dem Tag, an dem Leute, die uns Geld schulden, üblicherweise mit der Rückzahlung beginnen. Die Kalendae waren die römischen „Monatsersten", an denen man seine Schulden beglich.

Ad litteram

Gemäß den Buchstaben, also wortgetreu. Was sogar gelegentlich bei den Übersetzungen in diesem Buch vorgekommen sein soll ...

Advocatus diaboli

Der Anwalt des Teufels. Im ursprünglichen Sinn war dies derjenige, der in Heiligsprechungsprozessen die Bedenken gegen den Heiligen in spe zu vertreten hatte. Heutzutage ist damit jemand gemeint, der sich zum Anwalt einer verkehrten Sache macht, die er innerlich nicht vertritt – also stets der Anwalt unseres Prozeßgegners ...

Aeris alieni comes miseria

Elend ist der Begleiter fremden Geldes. Frei übersetzt: Borgen macht Sorgen. Deshalb, lieber Herr Bankdirektor, verzichte ich auf Ihren Kredit. Denn Ihre Zinssätze kann ich mir beim besten Willen nicht leisten.

Aequo animo audienda sunt imperitorum convicia

Gleichmütig muß man die Schmähreden Unkundiger hören. Drastisch ausgedrückt: Was juckt es die Eiche, wenn ein Schwein sich an ihr kratzt? Oder, aus anderer Sicht: Überlaß den Pferden die Beschwerden bei Behörden!

Aquam a pumice postulare

Wasser vom Bimsstein fordern. Der vergebliche Versuch, einem nackten Mann in die Tasche zu greifen. Jemandem Geld zu entlocken versuchen, der hoffnungslos pleite ist. Grüß Gott, Herr Gerichtsvollzieher!

Auri sacra fames!

Verwünschter Hunger nach Gold! – Leitspruch meiner Hausbank.

Ave Caesar, morituri te salutant

Sei gegrüßt, Kaiser, die dem Tod Geweihten grüßen dich. Der Gruß, den einst die Gladiatoren beim Betreten der Arena ihrem Staatsoberhaupt entgegenschleuderten. Kann heute beim Betreten des Finanzamtes gegenüber dem Pförtner verwendet werden.

Beati possidentes

Glücklich die Besitzenden! Komisch, daß das immer die anderen sind…

Bellum omnium contra omnes

Der Krieg aller gegen alle. Für den englischen Philosophen Thomas Hobbes, der im 16. Jahrhundert lebte, war dies der Urzustand der Gesellschaft. Manchmal könnte man glauben, es hat sich seitdem wenig geändert…

Bis dat, qui cito dat

Wer schnell gibt, gibt doppelt. Könnte über der Eingangstür des örtlichen Finanzamtes hängen. Aber nur im Bezug auf den gebenden Steuerzahler…

Concursus creditorum

Das Zusammenlaufen der Gläubiger – und wo diese Herrschaften zusammenlaufen, steht meist was bevor? Genau: der Konkurs!

Corpus delicti

Der Gegenstand des Vergehens. Was immer du Geheimnisvolles tust: Es gibt immer irgendeine Spur, die du zu verwischen vergessen hast…

Do, ut des

Ich gebe, damit du gibst. Sprich: Ohne Leistung keine Gegenleistung. Ein Sprüchlein, das es sich anzuwenden lohnt, wenn man den Verdacht auf Bestechung hegt.

Ex officio

Von Amts wegen, offiziell – und daher in den seltensten Fällen etwas Gutes bedeutend.

Explicite

Ausdrücklich. Manchmal wird man ja auf seine Fehler mit ganz besonders hoch erhobenem Zeigefinger aufmerksam gemacht. Sozusagen *Expressis verbis – mit ausgedrückten Worten,* ausdrücklich.

Flocci non interduim

Dafür gebe ich keine Faser, lehnte Plautus ein schlechtes Geschäft ab. Sprich: Die Sache war ihm keinen Pfifferling wert.

Hic consilium haeret

Hier stockt der Ratschlag. Guter Rat ist teuer, das können Sie der Gebührenordnung entnehmen!

Homo proponit, sed Deus disponit

Der Mensch denkt, Gott lenkt. Oder: Der Mensch denkt: Gott lenkt. Oder: Der Mensch, denkt Gott, lenkt. Oder: Der Mensch dachte, Gott lachte.

In curia

Beim Amt, an öffentlicher Stelle. Hat selten was mit „Kur“ zu tun …

In dubio pro reo

Im Zweifel für den Angeklagten. Ich hatte mal einer Werbeagentur den Spruch für ein Antitranspirant angeboten: „In dubio pro deo“. Aber die nahmen dann: Mein Deo, dein Deo – Deo ist für alle da.

Indicta causa

Ohne Verhör, ohne Verfahren. Wie man eben in Diktaturen Angeklagte zu verurteilen pflegt...

In duplo

In zweifacher Ausfertigung. Drunter geht auf keiner Behörde etwas. Meistens drüber. Zum Beispiel: *In triplo – in dreifacher Ausfertigung.*

Is fecit, huic prodest

Getan hat es der, dem es nützt. Wie bereits Miss Marple sagte: Der Täter wird schon gewußt haben, warum er etwas tat. Aus Nächstenliebe bringt man niemanden um.

Labor omnia vincit improbus

Unablässige Arbeit besiegt alles. Was jeder bestätigen kann, der auf einem x-beliebigen Amt einen Antrag zur Bearbeitung liegen hat: Die arbeiten so lange daran, bis unsere Nerven total besiegt sind. Außer sie wollen was von uns...

Lapsus calami

Schreibfehler, wörtlich: das Ausgleiten der Feder. Also der berühmte Truckfählerdeuvl, der sich mit an Sicherheit grenzender Wahrscheinlichkeit auch in dieses Buch eingeschlichen hat.

Legibus solutus

Von den Gesetzen entbunden. Früher mußten sich die Herrschenden nicht ans bestehende Gesetz halten. Ein Umstand, der heute nur noch hin und wieder in der Parteien-Steuergesetzgebung vorkommt.

Manus manum lavat

Hand wäscht Hand. Eine Hand wäscht die andere. Seid nett zueinander, wenn ihr mauschelt ...

Mente captus

Begriffsstutzig. Warum steht jetzt eigentlich dieser Begriff im Kapitel „Behörden“?

Misera contribuens plebs

Das arme, steuerzahlende Volk. Kurz und gut: Wir alle.

Non capillos liberos habet

Er hat keine freien Haare. Er hat mehr Schulden als Haare auf dem Kopf. Demnach ist Kojak schuldenfrei.

Non numeranda, sed ponderanda argumenta

Man soll Argumente nicht abzählen, sondern abwägen. Ich kenne kein einziges gutes Argument *für* meinen viel zu hohen Steuersatz.

Non olet

Es stinkt nicht. Bekannt als „Pecunia non olet" – Geld stinkt nicht. Diesen Ausspruch soll angeblich Kaiser Vespasian (69–79 n. Chr.) getätigt haben, nachdem er eine Steuer für Bedürfnisanstalten eingeführt hatte und deswegen von seinem Sohn Titus zur Rede gestellt worden war. Der gute Kaiser hielt seinem Filius die ersten Steuereinnahmen unter die Nase und stellte fest, daß man auch mit Mist Geld verdienen kann – was heutzutage jeder clevere Geschäftsmann weiß ...

Obstipui, steteruntque comae et vox faucibus haesit

Ich war starr, und mir sträubte sich das Haar, und die Stimme versagte – am Tag, an dem ich meine Steuererklärung abgeben mußte.

O cives, cives; quaeranda pecunia primum est; virtus post nummos

Oh, ihr Bürger, ihr Bürger, trachtet als erstes nach dem Reichtum: Die Taler gehn der Tugend vor! Was Horaz hier einst ironisch gemeint hat, wurde zum Leitspruch des Kapitalismus'.

Omnes eodem cogimur

Alle werden wir an den gleichen Ort gezwungen, schreibt Horaz in seinen Oden. Ob er damit das Finanzamt meinte?

Parta tueri

Das Erworbene zu wahren wissen. Wie schon der alte Geheimrat Goethe den Bankern ins Stammbuch schrieb: „Was du ererbt von deinen Vätern, erwirb es, um es zu besitzen."

Pauper ubique iacet

Der Arme hat's überall schwer, meinte der Dichter Ovid, ein römischer Zeitgenosse Christi und selbst Sohn eines wohlhabenden Ritters.

Per fas et nefas

Durch Recht und Unrecht. Egal wie – unter allen Umständen.

Pluralis maiestaticus (maiestatis)

Mehrzahl der Majestät. Gewisse bedeutende Herrschaften (Kaiser, Könige, Päpste, Versicherungen, Banken etc.) sprechen von sich in der Mehrzahl: „Und teilen wir Ihnen mit, daß Sie auf unser Konto folgenden Betrag zu überweisen haben ..." Kommt leider viel zu oft vor.

Pluralis modestatis (modestiae)

Mehrzahl der Bescheidenheit. Kommt leider viel zu selten vor. Oder kriegen Sie oft Briefe, in denen steht: „Und teilen wir Ihnen mit, daß wir auf Ihr Konto folgenden Betrag überweisen . . .?"

Quod licet Iovi, non licet bovi

Was Jupiter erlaubt ist, ist dem Ochsen noch lange nicht erlaubt. Leider sollen wir kleinen Leute allzu oft die Rolle des Ochsen spielen.

Quod non est in actis, non est in mundo

Was nicht in den Akten steht, ist der Welt nicht bekannt. Sagte der Beamte, der die Akte nicht fand . . .

Ratio legis

Der Sinn des Gesetzes bleibt uns manchmal nur allzu verborgen.

Res omnium communes

Dinge, die allen gemeinsam gehören. Getreu dem altsozialistischen Motto: Was dir gehört, gehört mir. Und was mir gehört, geht dich gar nichts an.

Sapiens omnia sua secum portat

Der Weise trägt all sein Gut mit sich. Empfehlenswerter Ausspruch bei der Vermögenssteuererklärung.

Solamen miseris socios habuisse malorum

Es ist ein Trost für Unglückliche, Leidensgenossen zu haben. Könnte auf der Fahne vom Bund der Steuerzahler stehen.

Ultra posse nemo obligatur

Niemand ist verpflichtet, ihm Unmögliches zu leisten. Ausrede eines Vaters, der seinen Alimenteverpflichtungen nicht nachkam.

Vade mecum

Geh mit mir. Vademecum dient auch als Bezeichnung für ein handliches Nachschlagewerk, das dem Leser die Möglichkeit geben soll, einer Sache zu folgen.

Vis maior

Höhere Gewalt. Setzt immer dann ein, wenn man einem Beamten im Dienst gegenübersteht. Ebenso wie die *Vis inertiae – die Kraft der Trägheit.*

Visum

Gesehen. Nachdem jeder Mensch, der in ein anderes Land will, höchstpersönlich die Grenzen überschreiten muß, ist es logischerweise vonnöten, neben dem Ausweis (mit Lichtbild) auch noch ein Visum (mit Lichtbild) bei sich zu führen. Der Zollbeamte könnte ja sonst nicht glauben, daß es sich um einen selbst handelt, der das Land betreten will. Andererseits ist diese Einrichtung höchst sinnvoll – sonst gäbe es weltweit fünf Millionen arbeitslose Zollbeamte mehr.

Vivere militare est

Leben heißt kämpfen. Oder, wie der Engländer sagt: Life is no picknick!

Kapitel VIII

Si tacuisses, philosophus mansisses – hättest du geschwiegen, wärst du ein Philosoph geblieben

Doch manche drängt es danach, zu reden, getreu dem Motto: Was kann schöner sein auf Erden, als Politiker zu werden? Diesen Herrschaften und ihrem Umfeld – einst und jetzt – sind die folgenden Sprüche gewidmet.

Ad alienam voluntatem loqui

Den Leuten nach dem Munde reden – und dabei so tun, als wäre man der Welt bedeutendster Erneuerer und Vordenker; das ist die hohe Kunst der Politik!

Ad pias causas

Zu wohltätigen Zwecken – ist er Politiker geworden. Wozu denn wohl sonst? Daß es sich dabei vor allem um seine eigenen Zwecke handelt – na ja...

A.E.I.O.U.

Richtig! Das sind die fünf Vokale unseres Alphabetes. Aber das Ganze ist auch eine Abkürzung. Nämlich für: Austriae est imperare orbi universo. Die ganze Welt ist Österreich untertan. Dieses Motto hatte sich Friedrich III. (1440–1493) zugelegt, der letzte in Rom gekrönte deutsche Kaiser. Es gibt noch weitere A.E.I.O.U.-Deutungen: Austria erit in orbe ultima – Österreich wird bis ans Ende der Welt bestehen bzw. Österreich wird sich bis ans Ende der Welt ausdehnen. Erwarten Sie jetzt bitte an dieser Stelle keinen Österreichwitz...

Anima candida

Eine reine Seele ist in der Politik so selten wie ein verschwenderischer Schwabe.

Meum est propositum in taberna mori
Meine Vorstellung ist es, in der Kneipe zu sterben.

Diem perdidi
Ich habe den Tag verloren!

Audacter calumniare, semper aliquid haeret!

Nur frech verleumdet, etwas bleibt immer hängen! Im Klartext spricht man von übler Nachrede. Ein in der Politik besonders beliebtes Spiel.

Aura popularis

Der Wind des Volkes – die Gunst des Volkes. Ein Wind, der sehr wetterwendisch ist.

Aurea mediocritas

Goldenes Mittelmaß. Zwischen Mittelmaß und Mittelmaß gibt es durchaus Unterschiede. Selbst Aristoteles war der Meinung, daß es durchaus zum Ansehen gereiche, ein „angemessenes“ Maß zu besitzen – weder ein Zuwenig noch ein über das Ziel hinausschießendes Zuviel. Doch was sich heute alles im Becken des politischen Mittelmaßes tummelt, hat mit Gold wenig zu tun, bestenfalls mit Blech.

Bella gerant alii, tu felix Austria nube!

Kriege mögen die anderen führen, du, glückliches Österreich, heirate! Angeblich soll der ungarische König Matthias Corvinus (1458–1490) diesen Ausspruch getan haben. Er war es jedoch nicht. Fest steht, daß durch gezielte und geschickte Eheschließungen die Habsburger Österreich zur Weltmacht machten – und das schon lange vor Sissy.

Bene meritus

Ein wohlverdienter Mann – so, wie sich ein Politiker eben mal gern sieht.

Casus belli

Der Kriegsgrund. Wie schon Bertold Brecht in seiner „Mutter Courage" sagt: Der Krieg ist eine Fortführung der Geschäfte mit anderen Mitteln.

Ceterum censeo Carthaginem esse delendam

Im übrigen meine ich, daß Karthago zerstört werden muß. So lautete angeblich die Standardfloskel, mit der der römische Politiker Cato all seine Reden beendete. Und weil das seine Freunde eines Tages langweilig fanden, erfüllten sie diesen Wunsch im 3. Punischen Krieg (149–146 v. Chr.), also just beginnend im Jahr von Catos Tod. Die Trümmer Karthagos können übrigens heute am Golf von Tunis besichtigt werden.

Civis Romanus sum

Ich bin ein römischer Bürger! Viel, viel später erinnerte sich ein amerikanischer Präsident namens John F. Kennedy dieses Ausspruchs und wandte ihn in einer anderen nicht ganz unbedeutenden Stadt an.

Clericus clericum non decimat

Ein Geistlicher nimmt von einem anderen keinen Tribut. Warum im Laufe der Jahrhunderte aus dem Geistlichen ein Vogel wurde, ist mir unbekannt. Jedenfalls lautet die heutige Übersetzung: Eine Krähe hackt der anderen kein Auge aus. Auch wenn sie manchmal furchtbar laut kräht. Womit die Begründung dafür gefunden wäre, daß dieser Spruch in der Rubrik „Politik“ steht.

Conditio sine qua non

Eine unerläßliche Bedingung. In manchen Fällen könnte man auch von „Erpressung“ sprechen.

Corvus albus

Ein weißer Rabe. Jemand, der nicht mit der Meute kläfft, sondern seine eigene Meinung hat – also eine sehr seltene Spezies Mensch.

Coram publico

Öffentlich, vor versammeltem Volk. Der Lieblingsaufenthaltsort des durchschnittlichen Politikers.

Cordialiter

Herzlich, freundschaftlich. So geben sich unsere Volksvertreter vor der Wahl. Danach haben sie es allerdings nur noch selten nötig, den gemeinen Wähler auf der Straße zu grüßen.

Crambe repetita

Aufgewärmter Kohl. Für alle, die jetzt in die falsche Richtung denken: In unserer Zeit nennt man das Ganze „kalten Kaffee“.

Dat veniam corvis, vexat censura columbas

Der Tadel gewährt den Raben Nachsicht und quält die Tauben. Man nennt so was auch Steueramnestie: Die Kleinen hängt man, die Großen läßt man laufen...

Divide et impera!

Entzweie und herrsche! Mit dieser Devise schafft man sich ideale Voraussetzungen, um zum Parteivorsitzenden gewählt zu werden. Eine andere, menschenfreundlichere Übersetzung lautet: Teile und herrsche!

Dulce et decorum est pro patria mori

Süß und ehrenvoll ist es, für das Vaterland zu sterben. Was der griechische Dichter Tyrtäus um 670 v. Chr. ersann und sein berühmterer römischer Kollege Horaz übernahm, gehört zu den dümmsten Sprüchen, die sich je ein menschliches Gehirn ausdachte. Leider auch zu den am meisten angewandten.

Dum colosseum stabit, Roma stabit; dum Roma stabit, mundus stabit.

Solange das Kolosseum steht, steht Rom; solange Rom steht, steht die Welt. Eine Weisheit, die im 8. Jahrhundert der hl. Beda von sich gab. Skeptiker dürften dem heute entgegenhalten, daß nicht nur das Kolosseum zu einer bedauernswerten Ruine heruntergekommen ist. Dazu paßt: *Ea est natura hominum. Das ist der Lauf der Menschheit,* der Welt.

E duobus malis minimum eligendum est

Von zwei Übeln ist das kleinere zu wählen. Und welche Partei wäre das Ihrer Meinung nach?

E pluribus unum

Aus vielen eins. Leitspruch der Vereinigten Staaten von Amerika mit ihren 50 Bundesstaaten.

Ego tu sum, tu es ego, unius animi sumus

Ich bin du, du bist ich, wir sind eine Seele. Ein Herz und eine Seele sein und vor den Wählern so tun, als ob – das sind zwei Paar Stiefel.

Elephanti corio circum tectus est

Er ist mit der Haut eines Elefanten umgeben. Grundvoraussetzung für Politiker: ein dickes Fell haben.

Fiat iustitia, et pereat mundus!

Es möge Recht geschehen, und wenn die Welt daran zugrunde geht! Motto der Herrschaften, die mit dem Kopf durch die Wand gehen. Angeblich der Wahlspruch von Kaiser Ferdinand I. (1556–1564).

Fides punica

Punische Treue. Dem Vernehmen nach waren die Punier rechte Wendehälse. Daher ist dieser Vergleich eher ironisch gemeint gewesen.

Fide, sed cui, vide!

Traue, aber achte darauf, wem! Zu deutsch: Trau, schau, wem! Ein nicht nur in der Politik beherzigenswerter Ratschlag.

Hannibal ad (nicht: ante!) portas

Hannibal an den Toren. Bei Cicero zitierter Ausruf, als der karthagische Feldherr im Verlauf des Zweiten Punischen Krieges vor Rom auftauchte, nachdem er das römische Heer 217 und 216 v. Chr. am Trasimenischen See und bei Cannae zu Kleinholz verarbeitet hatte. Da er sich jedoch nicht dazu entschließen konnte, die Stadt zu zerstören, sondern lieber in eine Konditorei ging (Hannibal ante Tortas), seufzte sein Reiteroberst Maharabal: *Vincere scis, Hannibal, victoria uti nescis – Du weißt, wie man siegt, Hannibal, aber nicht, wie man den Sieg nutzt.* Und verzweifelt setzt der wackere Oberst noch einen drauf: *Non omnia nimirum eidem di dedere – Nicht alles haben die Götter dem gleichen Mann gegeben* – wen wundert es? Als Hannibal das rund 20 Jahre später selbst erkannte, griff er zum Schierlingsbecher. Das römische Reich rieb sich die Hände und entschloß sich endgültig, eine Weltmacht zu werden ...

Homo homini lupus

Der Mensch ist dem Menschen ein Wolf. Daß der Mensch der größte Feind des Menschen ist, gilt nicht nur für die Politik, wenngleich man hier fast ausschließlich von Wölfen umgeben ist.

Honos reddatur dignis

Ehre, wem Ehre gebührt. Manchmal ist es jedoch zu viel der Ehre. Vor allem dann, wenn die Brustfläche zu klein für die ganzen Orden ist.

Hos omnes amicos habere operosum est, satis est inimicos non habere

Es wäre mühsam, die da alle zu Freunden zu haben. Es reicht, sie nicht zu Feinden zu haben. Wie heißt die Steigerung so schön: Feind, Todfeind, Parteifreund...

Horror vacui

Grauen vor dem Leeren. Die Angst vor dem Nichts, die den Fernsehzuschauer immer dann überkommt, wenn ein Staatsmann beim Fernsehinterview seine hohlen Phrasen drischt, in dieser unserer Dings.

In salvo

In Sicherheit. Sollte sich in der Politik nie jemand fühlen.

In statu, quo

Im gegenwärtigen Zustand. Ein Zustand, mit dem sich fast kein Politiker abzugeben bereit ist.

In verba magistri

Auf die Worte des Meisters schwören, auf die Autorität des Vorgesetzten vertrauen. Eine boshafte bayerische Version lautet: Schwören tät' ich auf alle Fälle, aber Wetten tät' ich mich net trau'n...

Ire tendo de fumo ad flammam

Aus dem Rauch in die Flammen eilen, vom Regen in die Traufe kommen. Das Schicksal des Wählers bei jedem Regierungswechsel: Für den kleinen Mann ändert sich nur selten etwas zum Besseren...

Iustitia fundamentum regnorum

Gerechtigkeit ist die Grundlage der Königreiche. So lautete der Wahlspruch des österreichischen Kaisers Franz I. (1804–1835). Er ist auf dem Wiener Burgtor an der Ringstraße zu finden.

Laudatio

Lobrede. Zwischen den Zeilen erfährt man meistens, was über den Gelobten wirklich gedacht wird.

Libertas et iustitia

Freiheit und Gerechtigkeit. Diesen Wahlspruch haben sich die USA auf ihre Fahnen geheftet. No comment.

Loci communes

Gemeinplätze, hohle Phrasen. Politikerreden.

Male parta male dilabuntur

Was schlecht geteilt ist, geht schlecht aus. Unrecht Gut gedeiht nicht. Ausnahmen bestätigen die Regel. Sonst wäre jeder Spekulant längst pleite.

Medio tutissimus ibis

In der Mitte wirst du am sichersten gehen. Nachdem heutzutage eigentlich fast jede Partei die Mitte für sich beansprucht, ist es auf dem goldenen Mittelweg auch nicht mehr ganz so sicher, wie es mal war.

Minimum decet libere, cui multum licet

Derjenige sollte sich am wenigsten erlauben, dem viel erlaubt ist. Ein kluger Gedanke Senecas, den sich so mancher Parlamentarier hinter die Ohren schreiben sollte.

Multos timere debet, quem multi timent

Der muß viele fürchten, den viele fürchten. Viel Feind, viel Ehr'.

Mundus vult decipi

Die Welt will betrogen sein. Nein, Sie haben kein Rückgaberecht für dieses Buch!

Ne exeat regno!

Er gehe nicht aus dem Reiche! Anfangsworte eines englischen Gesetzes, nachdem sich jeder Brite eine behördliche Erlaubnis geben lassen mußte, der die Insel verlassen wollte. Als das Gesetz abgeschafft wurde, machten geistesgestörte britische Fußballfans den Rest der Welt unsicher. Der patriotische Teil der Engländer hingegen ist heute noch gegen den Tunnel unter dem Ärmelkanal.

Nemo patriam quia magna est amat, sed quia sua

Keiner liebt sein Vaterland, weil es groß ist, sondern weil es seines ist. Sinnspruch über dem Bett eines fanatischen Liechtensteiners.

Non dolet, Paete

Es schmerzt nicht, Paetus. Weil der Römer Caecina Paetus im ersten Jahrhundert nach Christus angeblich an einer Verschwörung gegen Kaiser Claudius beteiligt gewesen sein sollte, wurde er zum Tode verurteilt. Als seine Frau Arria das Urteil vernahm, stach sie sich einen Dolch in den Busen, riß ihn wieder heraus und reichte ihn ihrem Mann mit den erwähnten Worten.

Nusquam est, qui ubique est

Nirgends ist, wer überall ist. Ausnahme: Außenminister aller Art...

Oderint, dum metuant

Mögen Sie mich hassen, wenn sie mich nur fürchten, war der sadistische Wahlspruch des größenwahnsinnigen Kaisers Nero (37–68 n. Chr.), dem er selbst voll gerecht wurde. Er vergiftete seinen Stiefbruder Britannicus, seine Mutter Agrippina und seine Frau Octavia, legte den Christen den Brand Roms zur Last, den er vermutlich selbst initiiert hatte, veranlaßte anschließend die erste Christenverfolgung, der unter anderem die Apostel Petrus und Paulus zum Opfer fielen, und war auch mitschuldig am Tod seiner zweiten Ehefrau Poppäa Sabina und seiner Erzieher Burrus und Seneca, ehe er mit schlappen 29 Jahren durch Selbstmord endete.

Odi profanum vulgus

Ich hasse die ungebildete Menge. Aber ich liebe meine Wähler – denkt sich der Politiker (und dachte einst Horaz).

Opinio communis

Die allgemeine Meinung mit beredten Worten auszudrücken – das macht einen populären Politiker aus.

Pacem volo, bellum paro

Den Frieden will ich, (deshalb) rüste ich zum Krieg. Eine nicht erst in der Rüstungsdiskussion unserer Tage aufgekommene These: Schon der hl. Augustinus (354–430) vertrat angeblich diesen Wahlspruch.

Pacta sunt servanda

Verträge müssen eingehalten werden. Wo kämen wir denn sonst hin?

Patet omnibus veritas

Die Wahrheit ist allen zugänglich. Wie Sie selbst mit dem Erwerb dieses Buches bewiesen haben!

Parturiunt montes, nascetur ridiculus mus

Es kreißen die Berge, zur Welt kommen wird eine lächerliche Maus. Ich, äh, freue mich auf das vereinte Europa. Doch, doch, bestimmt!

Pater patriae

Vater des Vaterlandes. Der erste, der im alten Rom diesen Titel vom Senat zugesprochen bekam, war Cicero. Damit sollte seine bedeutende Rolle im Staat unterstrichen werden. Heute wissen wir, daß nicht jeder, der sich Staatsmann nennt, auch wirklich dem Staate dient. Oft stellt sich die Wahrheit aber leider erst heraus, wenn es zu spät ist.

Patriae in serviendo consumor

Im Dienst am Vaterland werde ich aufgezehrt. Fürst Bismarck hat sich diesen Wahlspruch gewählt. Lassen Sie uns mal überlegen, für welchen der gegenwärtigen Politiker er Gültigkeit hätte...

Periculum in mora

Gefahr im Verzuge. Der Feind lauert links/rechts. (Nichtzutreffendes bitte streichen.)

Per maiora

Durch Stimmenmehrheit. Wahlfälschung inbegriffen.

Persona grata

Beliebte Person. So werden Diplomaten und Gesandte genannt, die offiziell anerkannt sind.

Persona gratissima

Ganz besonders beliebte Person. Also Leute wie Sie und ich.

Persona ingrata

Unbeliebte Person. Jemand, der in Ungnade gefallen ist. Offiziell: Ein Diplomat, der doch bitte schön umgehend das Land verlassen soll. Besonders beliebtes Spiel bei Unstimmigkeiten zwischen Supermächten: Weist du meinen aus, weis' ich deinen aus.

Post meridiem

Nach dem Mittag. Da Briten bekanntlich nur bis zwölf zählen können, haben sie den Tag in *ante meridiem* (a.m. – vor dem Mittag, 0–12 Uhr) und post meridiem (p.m. – nach dem Mittag, 13–24 Uhr) eingeteilt. Das britische Mittagessen kann man ja sowieso getrost vergessen.

Primus inter pares

Der Erste unter Gleichen. Sozusagen der Vorstandsvorsitzende.

Qualis rex, talis grex

Wie der König, so die Herde. Sind wir wirklich so mittelmäßig wie unsere Volksvertreter? Getreu dem ins Bayerische übersetzten Spruch: Wie der Herr, so's G'scherr.

Quidquid delirant reges, plectuntur Achivi

Was immer die Könige verbocken, müssen die Achäer büßen. Wenn man anstelle von „Könige" Politiker und von „Achäer" Bürger setzt, hat diese Weisheit von Horaz nichts von ihrer Aktualität verloren.

Qui imperia libens excipit, partem acerbissimam servitutis effugit

Wer Befehle gern ausführt, entrinnt dem bittersten Teil des Dienens. Sagte der Diktator.

Quicumque turpi fraude semel innotuit, etiamsi verum dicit, amitti fidem

Wer einmal durch schändlichen Betrug bekannt wurde, der verliert seine Glaubwürdigkeit, auch wenn er die Wahrheit sagt. Wer einmal lügt, dem glaubt man nicht – und wenn er auch die Wahrheit spricht. Eine Weisheit des römischen Fabeldichters Phädrus aus dem ersten Jahrhundert nach Christus, dem Wilhelm Busch entgegenhält: *Der Beste muß mitunter lügen, zuweilen tut er's mit Vergnügen.* Für die Politik darf hier die Frage gelten: Was heißt „zuweilen“? Immer!

Quis custodit custodes?

Wer bewacht die Wächter? Sprich: Es muß immer jemanden geben, der denen auf die Finger schaut, die einem auf die Finger schauen.

Res publica

Eine öffentliche Sache. Daraus wurde das Gemeinwesen, der Staat und – die Republik. Wobei nicht jede res publica eine Republik ist, aber jede Republik eine res publica.

Rex regnat, sed non gubernat

Der König herrscht, aber er regiert nicht. Urteil des polnischen Staatsmannes und Feldherrn Jan Zamoyski über den schwachen Herrscher Sigismund II. August, der sich im 16. Jahrhundert nicht um seine Aufgaben gegenüber seinen Untertanen kümmerte. Heutzutage kann man solchen Leuten bei Wahlen einen Denkzettel erteilen, was ja hin und wieder vorkommen soll, zuletzt auch in Polen.

Sacrificium intellectus

Das Opfer des Verstandes. Dies ist jemand, der sich höherer Gewalt beugt, obwohl er es besser weiß. Aber was will man machen, wenn die Gegenseite die schlagkräftigeren Argumente hat bzw. am längeren Hebel sitzt?

Salus populi suprema lex

Des Volkes Wohlergehen ist die höchste Pflicht. Gell, Herr Abgeordneter!

Senatus populusque Romanus

Senat und Volk von Rom, sprich: der römische Staat. Dieser Begriff ist Ihnen sicher schon in seiner Abkürzung S.P.Q.R. untergekommen – zum Beispiel bei Asterix und Obelix.

Sensus communis

Allgemeiner Sinn. Kann sowohl Sinn für die Allgemeinheit als auch gesunder Menschenverstand bedeuten.

Silent leges inter arma

Wenn die Waffen sprechen, schweigen die Gesetze. Eine in weiten Teilen unserer Welt immer noch geltende Tatsache, die leider oft vergessen wird: Gewalt geht vor Recht, wußte schon Cicero.

Sine tempore

Ohne Zeit. Pünktlich zur vorgegebenen Stunde. Das Gegenteil ist *Cum tempore – mit Zeit.* Hiermit ist die sogenannte „akademische Viertelstunde“ gemeint. Weiß der Kuckuck, warum es so gut wie keine Veranstaltung gibt, die „sine tempore“ beginnt.

Talis hominibus fuit oratio qualis vita

Die Rede eines Menschen entspricht seinem Leben. Ob das auch für Wahlkampfreden gilt? Dann müßte es bei manchen Politikern zugehen wie bei Hempels unterm Sofa ...

Tempora mutantur (nos et mutamur in illis)

Die Zeiten ändern sich (und wir ändern uns mit ihnen). Daß die Wendehälse keine Erfindung unserer Tage sind, beweist dieser Ausspruch von Kaiser Lothar I. (795–855).

Terra firma

Festland. Die Landenge von Panama trägt heute noch diesen Namen.

In duplo
In zweifacher Ausfertigung.

Non olet
Es stinkt nicht.

Terra incognita

Unbekanntes Land. Da, wo sich Reinhold Messmer mit Vorliebe herumtreibt.

Timeo Danaos et dona ferentes

Ich fürchte die Danaer, selbst wenn sie Geschenke bringen. Die Danaer sind niemand anderes als die Griechen und das gefürchtete Danaergeschenk war das berühmte Trojanische Pferd, in dessen Bauch sich 30 todbringende Soldaten befanden, die ihren Kameraden die Tore Trojas öffneten. Odysseus war es, der sich diesen fiesen Trick ausgedacht hatte, und die ganze Geschichte steht in Homers „Illias“. Im übrigen ist der Trojanische Krieg durch nichts belegt, auch die Ausgrabungen Heinrich Schliemanns Ende des 19. Jahrhunderts brachten keine Klarheit in die Angelegenheit.

Tu quoque, Brute?

Auch du, Brutus? Er wollte es nicht glauben, der gute Cäsar, daß ausgerechnet sein Freund Brutus es war, der ihm an den Iden des März, also am 15. März 44 v. Chr., den tödlichen Dolchstich versetzte: Auch du, mein Brutus? waren demnach die letzten – übrigens griechisch gesprochenen – Worte des sterbenden Tyrannen, die die ganze Enttäuschung über die Schlechtigkeit der Menschen ausdrückte. Es soll aber auch Zeugen gegeben haben, die berichteten, Cäsar habe die Dolchstiche der sage und schreibe 23 Verschwörer hingenommen, ohne einen Laut von sich zu geben.

Ubi bene, ibi patria

Wo es gut ist, dort ist das Vaterland. Mit dieser nur scheinbar leichthin gemachten Aussage wollte der selbst vom Schicksal gebeutelte Cicero allen Trost spenden, die ihre Heimat verlassen mußten. Denn manche Patrioten ziehen ein hartes Dasein zu Hause einem angenehmen Leben in der Fremde vor.

Vae victis!

Wehe den Besiegten! Der keltische (gallische) Feldherr Brennus soll diese Drohung ausgestoßen haben, nachdem er im Jahre 387 v. Chr. bei der Schlacht an der Allia Römer und Latiner vernichtend geschlagen hatte.

Vare, redde mihi legiones meas!

Varus, gib mir meine Legionen wieder! Im Jahre 9 n. Chr. kassierte der römische Feldherr Varus eine vernichtende Niederlage im Teutoburger Wald gegen die Germanen unter Arminius, dem Cherusker. Dies gefiel natürlich Varus' Chef, dem römischen Kaiser Augustus, ganz und gar nicht. Er soll sich vor lauter Frust monatelang nicht rasiert haben, immer wieder mit dem Kopf gegen den Türstock gebumpert sein und dabei ohne Unterlaß den obigen Ausruf getätigt haben. Völlig sinnlos übrigens, mal davon abgesehen, daß gefallene Krieger von Haus aus schwer wiederzubeleben sind. Doch auch Varus selbst hatte sich zu jener Zeit bereits mehr oder weniger freiwillig ins Jenseits begeben, nachdem er eingesehen hatte, daß gegen die Germanen kein Blumentopf zu gewinnen war.

Veto

Ich erhebe Einspruch! Das Vetorecht gibt die Möglichkeit, einen Beschluß zu verhindern – endgültig (absolutes) oder wenigstens eine Zeitlang (suspensives Vetorecht). Das absolute Vetorecht hat in der Bundesrepublik zum Beispiel der Bundesrat bei sogenannten Zustimmungsgesetzen, das suspensive Recht bei Einspruchsgesetzen. Das klingt politisch relativ anspruchsvoll und ist es auch. Viel einfacher und auch berühmter ist das Vetorecht bei den Vereinten Nationen. Dort gibt es fünf ständige Mitglieder des Weltsicherheitsrates, die, wann immer ihnen etwas nicht paßt, ihr Veto! einlegen können.

Videant consules

Die Konsuln mögen sehen! Die beiden römischen Konsuln hatten jeweils die Aufgabe, sich darum zu kümmern, daß es in schlechten Zeiten dem Staat wieder besser ging.

Viribus unitis

Mit vereinten Kräften lautete der Wahlspruch Kaiser Franz Josephs I. (1848–1916) von Österreich. Seine zweite Kraft war seine populäre Gemahlin Sissy, mit dem großen Unterschied, daß das richtige Leben der beiden längst nicht in dieser Idylle stattfand wie die Filmtrilogie.

Vivere militare est

Leben heißt Kriegsdienst leisten. Gilt fürs Militär und für manche Ehe.

Vox populi vox dei

Die Stimme des Volkes (ist) die Stimme Gottes. So lautet ein römisches Sprichwort.

Kapitel IX

Deo gratias – Gott sei Dank

wird ja in der Kirche heutzutage auch deutsch gesprochen, wenngleich es durchaus Leute gibt, die dem guten alten Latein hier ganz schön nachtrauern. In diesem Kapitel findet jeder, den es interessiert, ein paar fromme Redewendungen. Zur Auffrischung, zur Erbauung oder zur Information. Ganz wie es beliebt.

Acta apostolorum

Handlungen der Apostel. Die Apostelgeschichte, die im Kanon der Schriften des Neuen Testaments steht.

Acta Sanctorum

Taten der Heiligen. Eine Sammlung von Heiligenlegenden.

Ad maiorem dei gloriam (vicit pietas)

Zur größeren Ehre Gottes (siegte die Frömmigkeit). Von Ignatius von Loyola gewählte Devise des Jesuitenordens, die erstmals bei Papst Gregor I., dem Großen (540–604), erwähnt wurde.

Ad pias causas

Zu frommen Zwecken. Spenden oder Stiftungen zugunsten der Kirche.

Anathema sit!

Verflucht sei er! Dieser Ausruf von Paulus findet sich im Römer-, 1. Galater- und 1. Korintherbrief. Er wird als Formel bei der Exkommunikation aus der katholischen Kirche gebraucht.

Angelus

Der Engel des Herrn. Ein Gebet zur Marienverehrung, der sogenannte englische Gruß, der in der katholischen Kirche dreimal täglich – morgens, mittags und abends – zum Angelusläuten gebetet wird.

Ante Christum natum

Vor Christi Geburt. Das Gegenteil: *Post Christum natum* – nach Christi Geburt oder nach Christus; aber bitte nicht: nach Christi, weil hier der Genitiv keinen Sinn ergibt!

Anulus piscatoris

Der Fischerring. Der Ring des Papstes, der ja als Nachfolger des Fischers Petrus ein „Menschenfischer" ist.

Beatissima virgo

Die allerseligste Jungfrau. Ehrender Beiname für die Gottesmutter.

C + M + B

Haben Sie diese Buchstaben auch mit Kreide geschrieben an Ihrer Haustür stehen, plus der gegenwärtigen Jahreszahl? Richtig! Die heiligen drei Könige Caspar, Melchior und Balthasar sind gemeint. Doch wissen Sie auch, was die drei Buchstaben ursprünglich bedeuten: Christus mansionem benedicat – Christus segne dieses Haus. Falls Sie statt eines „C" ein „K" an Ihrer Tür stehen haben, ist das auch nicht falsch. Dann ist satt Christus „Kyrios" gemeint – griechisch für: der Herr.

Conceptio immaculata

Die unbefleckte Empfängnis. Entgegen vieler Meinungen ist damit nicht die Empfängnis Jesu durch Maria gemeint, sondern die Empfängnis Marias durch ihre Mutter Anna, ohne daß sie dabei die Erbsünde übertragen bekommen hat. Die unbefleckte Empfängnis wurde übrigens erst 1854 als Dogma von Papst Pius IX. verkündet.

Consummatum est

Es ist vollbracht. Nach dem Johannesevangelium die letzten Worte Jesu am Kreuz.

Deo volente

Mit dem Willen Gottes. So Gott will.

Desiderio desideravi

Mit großer Sehnsucht habe ich danach verlangt. Nach dem Lukasevangelium waren das die Worte Jesu vor dem Ostermahl mit seinen Jüngern.

Deum colit, qui novit

Wer Gott kennt, der verehrt ihn, sagt Seneca.

Ecce homo!

Seht, welch ein Mensch! Soll nach dem Johannesevangelium Pilatus ausgerufen haben, als er den dornengekrönten und gegeißelten Heiland den Juden vorführen ließ.

Eritis sicut deus, scientes bonum et malum

Ihr werdet sein wie Gott, wissend, was gut und böse ist. So lockte in der Bibel die Schlange Eva mit dem Apfel. Die Folgen sind bekannt.

Ex cathedra Petri

Vom Lehrstuhl des Petrus aus. Das I. Vatikanische Konzil von 1870 beschied, daß der Papst unfehlbar sei. Verkündet der Heilige Vater also etwas „Ex cathedra“, dann handelt es sich um eine verbindliche Lehre.

Extra ecclesiam nulla salus

Außerhalb der Kirche ist kein Heil. Grundsatz der römisch-katholischen Kirche nach dem Kirchenvater und Bischof von Karthago, Cyprian (200–258). Auf diese Weise begründete er, warum er dafür eintrat, reumütige Ketzer, die wieder zum katholischen Glauben zurückkehren wollten, erneut zur Taufe zuzulassen. In dieselbe Richtung geht sein Satz: *Habere non potest deum patrem, qui ecclesiam non habet matrem – Wer die Kirche nicht zur Mutter hat, kann Gott nicht zum Vater haben.*

Extra culpam esse

Außer Schuld sein, seine Hände in Unschuld waschen. Pilatus, der römische Statthalter in Jerusalem, machte es vor: Er ließ sich Wasser bringen, wusch seine Hände und sagte: „Ich bin unschuldig am Blut dieses Menschen. Das ist eure Sache!“ So steht es über die Verurteilung Jesu im Matthäusevangelium. Der Mann scheint das Vorbild nahezu aller Schergen zu sein, die im Namen einer Staatsmacht Unglück über andere Menschen bringen. Denn die Geschichte lehrt: Wenn's drauf ankommt, will es keiner gewesen sein.

Fiat lux!

Es werde Licht! Laut Moses die ersten Schöpfungsworte. Ein italienischer Autokonzern hat sie dankbar aufgenommen, auch wenn die Fahrer dieses Wagentyps früher oft von ihrem Fahrzeug im Dunkeln stehengelassen wurden.

Gloria in excelsis deo

Ehre sei Gott in den Höhen, jubelten die Engel bei der Geburt des Herrn.

Habemus papam

Wir haben einen Papst! Wenn ein neuer Papst gewählt wurde, stellt sich der Kardinaldiakon auf der großen Loggia des Petersdoms in Rom der wartenden Menge mit den Worten: „Annuntio vobis magnum gaudium, Papam habemus. Ich verkünde eine große Freude: Wir haben einen Papst!"

Hoc signo vinces

In diesem Zeichen wirst du siegen. Stelle aus dem „Leben Konstantins", einem Werk von Eusebius von Cäsarea, der im 3. Jahrhundert die erste Kirchengeschichte verfaßte. Konstantin, dem späteren römischen Kaiser, ist demnach vor seinem Feldzug gegen Maxentius am Himmel ein leuchtendes Kreuz mit der erwähnten Inschrift erschienen. Er gewann die Schlacht am 28. Oktober 312 an der milvischen Brücke zu Rom und erkannte daraufhin die christliche Religion in einem Verdikt an, das er 313 in Mailand verkündete.

In caritate servire

In Liebe dienen. Wahlspruch der Erzdiözese Wien.

In partibus infidelium

In den Gebieten der Ungläubigen. Bis zum Jahr 1882 gültiger Zusatz für Bischöfe, die der Papst in Gebieten eingesetzt hatte, in denen es eigentlich keine Katholiken oder keine mehr gab – vor allem im Orient. Papst Leo XIII. gab diesen Bischöfen schließlich den bis heute gültigen Titel „Titularbischof".

In pontificalibus

In priesterlicher Amtstracht.

In principio erat verbum

Im Anfang war das Wort. So beginnt der Prolog des Johannesevangeliums.

Ite, missa est!

Gehet, es wird gesandt! Mit diesen Worten wird die lateinische Meßliturgie beendet. Gemeint ist, daß die Scheidenden das Brot der Eucharistie in die Welt hinausnehmen sollen.

Lacrimae Christi

Tränen Christi. Begriff für eine durchaus weltliche Angelegenheit. Denn so wird eine Rotweinsorte genannt, die aus der Lacrimatraube gewonnen wird. Sie wächst an den Abhängen des Vesuv.

Limbus patrum

Umgrenzung der Väter. Nach einer – inzwischen reichlich umstrittenen – Lehre der römisch-katholischen Kirche konnten die Seelen frommer Menschen des Alten Testaments nicht in den Himmel kommen, sondern kamen in den Limbus, was wörtlich Grenze oder Saum heißt, aber hier Vorhölle bedeutet. Dasselbe gilt auch für *ungetauft verstorbene Kinder – limbus puerorum.*

Magnificat

Hoch preist meine Seele den Herrn! So beginnt nach dem Lukasevangelium der Lobgesang Mariens.

Mater dolorosa

Schmerzensmutter. So wurde Maria von dem Dichter Jacopone da Todi (1230–1306) bezeichnet, der eine Sequenz mit den Worten „Stabat mater dolorosa“ – es stand eine Schmerzensmutter – begann. Gemeint ist die Situation, in der Maria voller Schmerz die Leiden ihres Sohnes erlebt.

Mea culpa, mea culpa, mea maxima culpa

Meine Schuld, meine Schuld, meine größte Schuld. Am Beginn der katholischen Meßliturgie steht das „Confiteor“ (Schuldbekenntnis), aus dem diese Stelle stammt. Mit der dreimaligen Wiederholung sind die Sünden in Gedanken, Wort und Tat gemeint.

Missio canonica

Kanonische Sendung. Hat nichts mit einer Fernsehsendung über Waffen zu tun, sondern bezieht sich auf die kirchliche Lehrbefugnis, Religionsunterricht zu erteilen. Wer dies tun will, braucht bestimmte theologische Studien.

Mulier taceat in ecclesia

Die Frau hat in der Kirche zu schweigen. Zu finden im 1. Korintherbrief des Apostels Paulus. Ob er deswegen als Macho galt, ist nicht bekannt. Wohl kaum, denn es gibt heutzutage noch genügend Kleriker, die nach wie vor derselben Auffassung sind.

Noli me tangere!

Rühr mich nicht an bzw. halt mich nicht fest, sagte der auferstandene Jesus nach dem Johannesevangelium zu Maria Magdalena, als er ihr erschien.

Ora pro nobis!

Bitte für uns! So antwortet die Gemeinde beim Beten einer Litanei.

O sancta simplicitas!

O heilige Einfalt! Nachdem das Konzil von Konstanz beschlossen hatte, den Reformator Jan Hus (1369–1415) auf dem Scheiterhaufen zu verbrennen, sollen dies seine letzten Worte gewesen sein, während ihn bereits die Flammen umgaben. Dies nämlich, als er sah, wie ein altes Weiblein noch einen Scheit Holz nachlegte. Als ob es nicht schon heiß genug gewesen wäre...

Pater, peccavi

Vater, ich habe gesündigt! Die ersten Worte des Heimkehrers an seinen Vater aus dem Gleichnis vom verlorenen Sohn nach dem Lukasevangelium.

Patior, ut potiar

Ich leide, um zu herrschen! Christus litt, um die Welt zu erlösen und als Herrscher der Welten wiederaufzuerstehen.

Pax vobiscum!

Friede (sei) mit euch! sagte der auferstandene Christus zu seinen Jüngern, wie das Lukasevangelium berichtet.

Quis ut deus?

Wer ist wie Gott? Wollte der Erzengel Michael von seinem Kollegen Luzifer wissen, als der aufbegehrte.

Quod deus avertat

Was Gott verhüten möge! Mir fiele da manches ein...

Quod deus bene vertat

Was Gott zum Guten wenden wolle. Dito.

Quod scripsi, scripsi

Was ich geschrieben habe, habe ich geschrieben. Mit diesen Worten widersetzte sich nach dem Johannesevangelium der römische Statthalter Pilatus den jüdischen Hohenpriestern. Die hatten Kritik an der Inschrift des Kreuzes Christi geübt: „Schreib nicht: Der König der Juden, sondern daß er gesagt hat: Ich bin der König der Juden!"

Quo vadis?

Wohin gehst du? Dies war nach dem Johannesevangelium die Frage des Petrus an Jesus nach dem Abendmahl. Die Antwort Christi ist ebenfalls überliefert: „Wohin ich gehe, dorthin kannst du mir jetzt nicht folgen." Und als Petrus widerspricht, fällt das berühmte Zitat: „Noch bevor der Hahn kräht, wirst du mich dreimal verleugnen." Der polnische Schriftsteller und Literaturnobelpreisträger Henryk Sienkiewicz schrieb zwischen 1894 und 1896 den Roman „Quo vadis", in dem er sich mit der Christenverfolgung beschäftigte. Er wurde dreimal verfilmt, zuletzt 1951 mit Robert Taylor, Deborah Kerr und Peter Ustinov. Bereits 1924 gab es eine deutsch-italienische Stummfilmversion, unter anderem mit Emil Jannings.

Roma locuta, causa finita

Rom hat gesprochen, der Fall ist erledigt. Sprich: Was der Papst einmal entschieden hat, ist entschieden.

Rorate, coeli

Tauet Himmel den Gerechten. Wird am vierten Adventssonntag in der katholischen Meßliturgie als Eingangsvers gesungen. „Roraten" heißen auch die Frühmessen zu Ehren der Gottesmutter in der Adventszeit.

Sanctum officium

Heiliges Amt. So wurde – ausgerechnet – die Einrichtung der Inquisition genannt.

Sedes Apostolica

Der apostolische Stuhl. Der Thron des Papstes.

Sentire cum ecclesia

Mit der Kirche fühlen. Die Interessen der (katholischen) Kirche vertreten.

Servus servorum dei

Diener der Diener Gottes. Einer der Titel des Papstes.

Sic transit gloria mundi

So vergeht der Glanz der Welt! Formel, die bei der Krönung des Papstes in der Peterskirche gebraucht wird, um daran zu erinnern, daß irdische Güter keinen Bestand haben.

E duobus malis minimum eligendum est
Von zwei Übeln ist das kleinere zu wählen.

Medio tutissimus ibis
In der Mitte wirst du am sichersten gehen.

Sigillum confessionis

Siegel der Beichte. Die Pflicht des Geistlichen, das Beichtgeheimnis zu wahren.

Societas Jesu

Gesellschaft Jesu. So nennen sich die Jesuiten. Daher hinter dem Namen eines Jesuitenpaters die Abkürzung S.J.

Sola fide

Allein durch den Glauben. Der Sünder kann nur gerettet werden, wenn er glaubt. Gute Taten genügen nicht. Mit dieser Auffassung wandte sich Martin Luther vor allem gegen die in der katholischen Kirche gebräuchlichen Ablässe.

Soli deo gloria

Gott allein die Ehre.

Sub utraque specie

Unter beiderlei Gestalten. Gemeint sind Brot und Wein beim christlichen Abendmahl.

Summum bonum

Das höchste Gut. So bezeichnete Thomas von Aquin im 13. Jahrhundert Gott.

Summus episcopus

Oberster Bischof. Eine Bezeichnung für den Papst, aber auch ein Titel für einen Landesfürsten im Mittelalter, der zugleich in seinem Bereich das kirchliche Sagen hatte.

Tantum religio potuit suadere malorum

Soviel Übles hat die Religion anzuraten vermocht. Dieser Auffassung war im ersten Jahrhundert vor Christus der Dichter Lukrez.

Te Deum

Dich, Gott loben wir ... So beginnt der sogenannte ambrosianische Lobgesang. Der hl. Ambrosius (339–397 n. Chr.) ist einer der vier großen Kirchenlehrer. Er wurde 347 Bischof von Mailand. Unter seiner Herrschaft wuchsen Kultur und vor allem Kirchengesang in der katholischen Kirche.

Tempus clausum/feriatum

Geschlossene Zeit. Gemeint sind Advent oder Fastenzeit, in denen seitens der katholischen Kirche Lustbarkeiten nicht erlaubt sind.

Urbi et orbi

Der Stadt und dem Erdkreis. Der Segen, den der Papst vor allem an Weihnachten und Ostern von der Loggia des Petersdomes aus der Stadt Rom und der ganzen Welt erteilt.

Ut in omnibus glorificetur Deus

Damit in allem Gott verherrlicht werde.

Ut unum sint

Daß sie eins seien. Gemeint ist nach dem Johannesevangelium die Liebe unter den Gläubigen. Diesen Wunsch hat sich die ökumenische Bewegung zu eigen gemacht.

Veni, sancte spiritus!

Komm, Heiliger Geist! So beginnt ein katholischer Kirchengesang.

Kapitel X

Fabula docet – die Fabel lehrt

Und die Moral von der Geschicht'... Ein Kapitel voller kleiner Lebensweisheiten, mit denen Sie anderen auf die Nerven fallen können. Oder, um mit dem geheimen Geheimrat Goethe zu sprechen: „Der Irrtum wiederholt sich immerfort in der Tat. Deswegen muß man das Wahre unermüdlich in Worten wiederholen."

Accidit in puncto, quod non speratur in anno

Es ereignet sich im Augenblick, was in Jahren nicht erwartet wird. Unverhofft kommt oft.

Adhuc tua messis in herba est

Dein Weizen muß noch blühen. Es dauert noch eine Weile, bis du die Früchte deines Erfolges ernten kannst.

Ad modum tenui filo suspensum esse

An einer dünnen Schnur aufgehängt sein. Am seidenen Faden hängen.

Animi sub vulpe latent

Hinter List verbirgt sich Geist. Da sitzt irgendwo der Schalk im Nacken.

Aperta transire

Durch das Offene hindurchgehen, den Wald vor lauter Bäumen nicht sehen. Auch:

Frondem in silvis non cernere

Das Laub in den Wäldern nicht sehen.

Apparet id etiam caeco

Das erscheint sogar einem Blinden, das sieht sogar ein Blinder.

Apud eum offendit

Er hat bei ihm Anstoß erregt, er hat bei ihm ausgesch ... pielt.

Arcem facere e cloaca

Eine Burg aus einer Kloake machen, eine Mücke aus einem Elefanten machen.

Beneficium senectutis

Wohltat des Alters. Will sagen: Auch das Alter hat seine guten Seiten.

Causa mortis

Ein Grund für den Tod, der berühmte Sargnagel in Form einer fürchterlichen Nervensäge.

Cautius loquitur

Er spricht recht vorsichtig. Er legt seine Worte auf die berühmte Goldwaage.

Cibi condimentum fames est

Hunger ist die Würze der Speisen. Hunger ist der beste Koch.

Cogitationis poenam nemo patitur

Für seinen Gedanken wird niemand bestraft. Oder: Die Gedanken sind frei.

Cogito, ergo sum

Ich denke, also bin ich. Dachte der französische Philosoph René Descartes (1596–1650).

Compressis manibus sedere

Mit gefalteten Händen dasitzen. Die Hände in den Schoß legen, faulenzen.

Contra vim mortis non est medicamen in hortis

Gegen die Gewalt des Todes gibt es kein Heilkraut in den Gärten. Gegen Gevatter Hein ist kein Kraut gewachsen. Und alle medizinische Kunst versagt im Angesicht des Todes.

Cornix cornici nunquam oculos effodit

Niemals hackt eine Krähe der anderen ein Auge aus.

Crescunt anni, decrescunt vires

Wenn die Jahre zunehmen, lassen die Kräfte nach.

Cui dolet, meminit

Der erinnert sich, dem es weh tut. Ein gebranntes Kind scheut das Feuer.

Cuiusvis hominis est errare, nullius nisi insipientis in errore perseverare

Jeder Mensch kann sich irren, aber nur der Tor wird auf seinem Irrtum bestehen, meinte Cicero. Kennen Sie also den Unterschied zwischen einem klugen und einem dummen Menschen? Beide machen Fehler, nur der Dumme immer denselben, der Kluge immer andere.

Cum tempore invenietur ratio rei expediendae

Im Lauf der Zeit wird ein Weg gefunden, die Dinge zu erledigen. Oder, weniger geschwollen: Kommt Zeit, kommt Rat.

Deforme est de se ipsum praedicare

Schändlich ist es, sich selbst zu rühmen. Cicero wollte damit sagen: Eigenlob stinkt. Was wörtlich in etwa heißt: *Propria laus sordet.*

De me expertus sum

Ich bin Experte aus mir heraus. Davon kann ich ein Lied singen.

Deus omen avertat!

Gott wende das Omen ab! Der Himmel möge uns schützen!

Dies irae, dies illa solvet saeclum in favilla

Der Tag des Zornes, jener (letzte) Tag, wird das Zeitliche in Asche zerfallen lassen. Mit diesen Worten beginnt die römische Totenmesse. Die Angst vor dem Jüngsten Gericht war gerade im Mittelalter, als diese Zeilen entstanden, außerordentlich groß.

Dii nos quasi pilas homines habent

Die Götter haben uns wie einen Ball. Wir sind nur ein Spielball in den Händen der himmlischen Mächte.

Dimidium facti, qui coepit, habet

Wer angefangen hat, hat schon die Hälfte geschafft. Frisch gewagt, ist halb gewonnen.

Ducunt volentem fata, nolentem trahunt

Das Schicksal führt den voran, der es bejaht und zerrt den mit sich, der es verneint. Oder, um mit dem österreichischen Dichter Ferdinand Raimund zu sprechen: Das Schicksal setzt den Hobel an und hobelt alles gleich.

Dum spiro, spero

Solange ich atme, hoffe ich. Die moderne Medizin hat uns ja in vielen Fällen einen längeren Atem verschafft.

Duobus sellis sedere

Auf zwei Stühlen sitzen. Heute sagt man: Zwischen zwei Stühlen sitzen.

Est quaedam flere voluptas

Es gibt eine Lust zu weinen. Wahlspruch des deutschen Masochistenverbandes, falls es einen solchen gibt. Das

Original stammt von Ovid, Heinrich Heine machte daraus „Weinen ist ein süßer Balsam".

Frustra surdas aures fatigare

Vergebens sich mit tauben Ohren abmühen, tauben Ohren predigen.

Gutta cavat lapidem non vi, sed saepe cadendo

Der Tropfen höhlt den Stein nicht durch Kraft, sondern dadurch, daß er stetig herunterfällt. Wurde zu: Steter Tropfen höhlt den Stein. Nach neuerer medizinischer Erkenntnis auch: Steter Tropfen höhlt die Leber.

Hodie mihi, cras tibi

Heute mir, morgen dir. Wer weiß schon, wann es ihn trifft?

In cunctis domina pecunia est

In allen Dingen ist das Geld die Herrscherin. Geld regiert die Welt.

In vitro

Im Glas. Die Invitrofertilisation ist ein medizinischer Fachbegriff, der in letzter Zeit häufig in den Schlagzeilen zu finden ist: Gemeint ist damit die umstrittene Befruchtung aus dem Reagenzglas.

Inter arma caritas

Nächstenliebe zwischen den Waffen. So lautet die Losung des Roten Kreuzes.

Inter sacrum saxumque sto, nec quic faciam scio

Ich stehe zwischen Opfer und Stein, ohne zu wissen, was ich machen soll, bekannte Plautus. Heute hätte er gesagt: Ich sitze zwischen allen Stühlen.

Lupus pilum mutat, non mentem

Der Wolf ändert das Haar, nicht den Sinn. Auch wenn der Wolf älter wird, bleibt er ein Jäger, oder, auf den Menschen bezogen: Alter schützt vor Torheit nicht. Auch wenn Hildegard Knef einst sang: Der alte Wolf wird langsam grau ...

Malitia ipsa maximam partem veneni sui bibit

Die Bosheit trinkt den größten Teil ihres Giftes selbst. Na denn: Prost!

Magna pars libertatis est bene moratus venter et contumeliae patiens

Ein wichtiger Teil der inneren Freiheit besteht in einem gut erzogenen Magen, der eine gelegentliche Mißhandlung verzeiht. Oder schlimmstenfalls mit einem augenzwinkernden Sodbrennen bestraft.

Media in vita in morte sumus

Mitten im Leben sind wir im Tod! Die Weisheit, die in diesem Beginn eines mittelalterlichen Kirchenliedes steckt, ist biologisch begründet: Unser Tod beginnt mit dem Tag der Geburt. Tröstlich, daß es jedem so geht...

Medicus curat, natura sanat

Der Arzt kuriert, die Natur heilt. Das Beste an der Natur: Sie kommt ohne Spritze aus.

Memento moriendum esse!

Sei eingedenk, daß zu sterben ist! Das mittelalterliche Mönchslatein hat daraus *memento mori* gemacht. Die Schlamperei in der Sprache ist also keine Erfindung heutiger Tage...

Mendacem memorem esse oportet

Es ist gut für einen Lügner, ein gutes Gedächtnis zu haben. Und weil das nur selten der Fall ist, haben Lügen bekanntlich kurze Beine.

Mens sana in corpore sano

In einem gesunden Körper (wohnt) ein gesunder Geist. Dies galt in der Antike als Aufruf an die Götter, einem Neugeborenen sowohl einen gesunden Körper als auch eine forsche Gesinnung zu schenken. Heute wird eher die richtige Mischung aus Albert Einstein und Arnold Schwarzenegger damit in Verbindung gebracht...

Misericordia est vitium animi

Mitleid ist ein Fehler des Herzens. Gutmütigkeit ist ein Zeichen von Liederlichkeit, sagte meine gute alte Erbtante – und ließ mich leer ausgehen …

Mors porta vitae

Der Tod (ist die) Pforte des Lebens. Bekannte Grabinschrift.

Mors certa, hora incerta

Der Tod ist sicher, die Stunde ungewiß. Manchmal hör' ich Leute reden, sie wüßten gern, wann sie sterben. Aber wäre es nicht furchtbar, sehenden Auges auf sein letztes Stündlein zuzusteuern? Nein, nein – es ist schon ganz gut so, gell? In diesem Sinne gilt auch:

Ultima (hora) latet

Die letzte (Stunde) ist verborgen. Gemeint ist: Keiner kennt seine letzte Stunde.

Natura non facit saltus

Die Natur macht keine Sprünge. Jedenfalls ab einem bestimmten Alter keine großen mehr.

Nescis, quid vesper serus vehat

Du weißt nicht, was der späte Abend daherbringt. Man soll den Tag nicht vor dem Abend loben.

Nescit, quot digitos habeat in manu

Er weiß nicht, wie viele Finger er an der Hand hat. Wenn er eine Fliege verschluckt, hat er mehr Hirn im Bauch als im Kopf; er ist so dumm, daß es brummt.

Nihil aeque sanitatem impedit quam remediorum crebra mutatio

Nichts hindert die Genesung so sehr wie der häufige Wechsel der Heilmittel. Diese 2000 Jahre alte Weisheit könnte auch von unseren knausrigen Krankenkassen stammen. Genau wie die folgende:

Non venit vulnus ad cicatricem, in quo medicamenta temptantur

Keine Wunde vernarbt, an der immer neue Heilmittel ausprobiert werden. Und wovon sollen dann unsere armen Ärzte leben? Vielleicht vom Reden? Dazu paßt dann folgender Spruch:

Non quaerit aeger medicum eloquentem

Ein Kranker braucht keinen beredten Arzt. Also handeln Sie endlich, Professor Brinkmann, anstatt immer nur Ihren Kaffee über den grünen Klee zu loben …

Noli equi dentes inspicere donati!

Prüfe nicht die Zähne eines geschenkten Gaules! Beim Pferdekauf ist es üblich, das Alter und den Zustand des Tieres an seinen Zähnen zu prüfen. Daraus wurde das Sprichwort: Einem geschenkten Gaul schaut man nicht ins Maul.

Nolim esse eo, quo ille est, loco

Ich möchte nicht an dem Ort sein, an dem jener ist. Ich möchte nicht in seiner Haut stecken.

Nomen est omen

Der Namen ist eine Vorbedeutung. Da keiner was für seinen Namen kann, ist es ein Zeichen von Schwäche und Dummheit, jemanden zu verspotten, bloß weil er einen Namen trägt, der sich gut verballhornen läßt. *Ich* habe jedenfalls nie über bestimmte Leute gespottet, bloß weil sie komisch heißen. Da fällt mir ein Kanzlerwitz ein ...

Novissima verba

Die „letzten Worte“. Berühmt sind die „letzten Worte“ des Beifahrers: „Von rechts kommt nich ...“ Oder des Bombenentschärfers: „Ich kann den verdammten Zünder nicht fin ...“ Oder des Delinquenten, der am Montag zur Hinrichtung geführt wird: „Die Woche fängt ja gut an ...“

Nil nocere

Auf keinen Fall schaden! Diesen Grundsatz des Hippokrates haben manche Honorarprofessoren dahingehend für sich umgemünzt (im wahrsten Sinne des Wortes), daß sie, wenn sie dem Patienten schon nicht nützen, ihn wenigstens redlich ausnehmen.

Frustra surdas aures fatigare
Vergebens sich mit tauben Ohren abmühen.

Duobus sellis sedere
Auf zwei Stühlen sitzen.

Omne tulit punctum, qui miscuit utile dulci

Aller Beifall ist dem gewiß, der Heilsames mischte mit Süßem. Warum schmeckt Medizin dann meist so bitter?

Omnes una manet nox

Auf alle wartet ein und dieselbe Nacht. Sprich: Wir enden alle mal fünf Zoll unter der Grasnarbe. Horaz war es, der dies erkannt hat.

Omnis homo mendax

Jeder Mensch ist ein Lügner. Ich nicht, ehrlich!

Optimus odor in corpore est nullus

Der beste Körpergeruch ist gar keiner. Das wird die Parfümindustrie aber gar nicht gern hören!

Otium cum dignitate

Ruhe mit Würde. Schon Cicero war der Meinung, daß jemand einen ruhigen Lebensabend verdient hat, der sein Leben lang geschuttelt hat. Dabei gab es damals allerdings noch kein vergleichbares soziales Netz.

Probatum est

Es ist bewährt. Die Medizin hilft, versprach der Arzt dem Patienten. Wogegen, wußte er selbst nicht.

Pulvis et umbra sumus

Staub und Schatten sind wir. Horaz gelangte einst zu dieser nüchternen Selbsteinschätzung, die nur allzu gern vergessen wird.

Punctum saliens

Der springende Punkt. Aristoteles (384–322 v. Chr.) ist der erste, der diesem kleinen Kleks die nötige Bedeutung beimißt.

Quae medicamenta non sanant, ferrum sanat, quae ferrum non sanat, ignis sanat

Was die Medizin nicht heilt, heilt das Eisen; was das Eisen nicht heilt, heilt das Feuer. Und was das Feuer nicht heilt, kann überhaupt nicht mehr geheilt werden, meinte Hippokrates.

Quem di diligunt, adolescens moritur

Wen die Götter lieben, der stirbt als Junger. Die Besten sterben jung. Ein geflügeltes Wort von Plautus, das vor allem in der Jugendkultur seine tragische Bedeutung hat. Die Schar der Film- und Popstars, die das 30., geschweige denn das 50. Lebensjahr nicht vollendeten, ist Legende – von Elvis Presley bis John Lennon, von Jimmy Hendrix bis James Dean, von Rudolph Valentino bis Marilyn Monroe. Politiker und Manager hingegen werden meist viel älter. Was lehrt uns das?

Quaeris, quare te fuga ista non adiuvet? Tecum fugis

Du fragst, warum dir deine Flucht nichts hilft? Du nimmst dich selber mit. Wer in sich geht, wird sich gelegentlich wundern, daß er sich im Nichts verläuft.

Qui alteri exitium parat, eum scire oportet sibi paratam pestem

Wer anderen Untergang bereitet, muß wissen, daß ihm selbst Verderben droht, lehrte Cicero. Daraus wurde: Wer anderen eine Grube gräbt, fällt selbst hinein.

Qui tacet, consentire videtur

Wer schweigt, scheint zuzustimmen. Keine Antwort ist auch eine Antwort.

Quibusdam aegris gratulatio fit, cum ipsi aegros se esse senserunt

Manchen Kranken gratuliert man, wenn sie selbst zur Einsicht gekommen sind, daß sie krank sind. Natürlich sollte man das Gratulieren erst recht nicht vergessen, wenn sie wieder gesund sind.

Quid sit futurum cras, fuge quaerere!

Was morgen sein wird, meide zu fragen! Deshalb: Was du heute kannst besorgen, das verschiebe nicht auf morgen. Oder, um bei Horaz zu bleiben, der auch die obige Weisheit von sich gab: *Carpe diem! – pflücke (ergreife) den Tag!*

Quidquid agis, prudenter agas et respice finem!

Was immer du tust, das tue klug und schau auf das Ende! Mit Verlaub: Kein schlechtes persönliches Lebensmotto. Aber Sie wissen ja: Theorie und Praxis...

Quis ullam pro beneficiis deberi putat gratiam?

Wer glaubt, daß man ihm für Wohltaten irgendeinen Dank schuldet? Undank ist der Welt Lohn.

Quod erat demonstrandum

Was zu zeigen war! Berühmter Ausspruch des griechischen Mathematikers Euklid (um 300 v. Chr.), der damit beweisen wollte, wie klug er war.

Quod latet, ignotum est, ignoti nulla cupido

Was verborgen ist, ist unbekannt. An Unbekanntem besteht kein Interesse. Was ich nicht weiß, macht mich nicht heiß.

Quomodo fabula, sic vita non quam diu, sed quam bene acta sit, refert

Wie beim Theater kommt es auch beim Leben nicht darauf an, wie lange es dauert, sondern wie gut gespielt wird. Lieber ein guter Einakter, als eine fade Wagneroper!

Quos deus perdere vult, dementat prius

Diejenigen, die Gott verderben möchte, läßt er vorher wahnsinnig werden. Pech nur, daß die wenigsten Verrückten merken, was mit ihnen los ist.

Quot homines, tot sententiae

So viele Menschen, so viele Meinungen. Meinen Sie nicht auch?

Rebus sic stantibus

Wenn die Dinge so stehen. Ein Ausdruck der Resignation, wird heute meist in Form eines Achselzuckens oder eines kurzen, bedauernden „Tja!“ – in Bayern: „Ja, mei!“ – wiedergegeben.

Rem acu tetigisti

Du hast die Sache mit der Nadel berührt. Du hast den Nagel auf den Kopf getroffen.

Rem involutam emere

Eine Sache eingewickelt kaufen. Die Katze im Sack zu kaufen, war schon Seneca nicht ganz geheuer.

Reseda, morbos reseda

Heile, heile die Krankheit wieder. Heile, heile Gänschen. Durch die Wiederholung der Bitte sollte vielleicht eine Verstärkung des Zauberspruchs bewirkt werden.

Sceletus, non homo est

Er ist nur noch ein Skelett, kein Mensch. Nach einer Weightwatcherkur: Er ist nur noch ein Schatten seiner selbst.

Sero venientibus ossa

Denen, die zu spät kommen, (bleiben) die Knochen. Guten Appetit, ihr Langweiler! Denn: Wer nicht kommt zur rechten Zeit, der muß nehmen, was übrig bleibt!

Similia similibus curantur

Ähnliches wird durch Ähnliches geheilt. Grundsatz der Homöopathie, nach dem ein kranker Körper mit Medikamenten behandelt werden sollte, die ähnliche Symptome wie die Krankheit hervorrufen.

Subsilire in caelum ex angulo licet

Auch aus einer Nische kann man in den Himmel springen. Es gab mal einen Schlager von Adamo, der begann: Ein kleines Glück wird einmal groß, wenn du nur warten kannst, dann fällt es auch in deinen Schoß...

Suum cuique!

Jedem das Seine! So stand es auf den Münzen, die Friedrich I. von Preußen prägen ließ. Aber schon Cicero soll diesen Wahlspruch geführt haben, der dasselbe bedeutet wie: Leben und leben lassen.

Tempera mutantur, nos et mutamur in illis

Die Zeiten ändern sich und wir uns mit ihnen. Beliebte Ausrede von Wendehälsen aller Art.

Tempora si fuerint nubila, solus eris

In Zeiten, in denen Wolken am Himmel sind, wirst du allein sein. Im Unglück hat man keine Freunde, meint Ovid.

Tempus fugit

Die Zeit flieht, läuft dahin.

Tertium non datur

Ein Drittes wird nicht gegeben. Entweder ja oder nein – etwas anderes gibt es nicht! Kein Kompromiß!

Tolle, lege!

Nimm und lies! In seinen berühmten „Confessiones" erzählt der hl. Augustinus (354–430) von der Zeit, in der er noch einen reichlich lockeren Lebenswandel führte. Eines Tages – so der Kirchenvater – habe ihm ein Kind aus dem Nachbarsgarten das oben erwähnte Zitat zugerufen. Daraufhin habe er die Heilige Schrift aufgeschlagen und sei an eine Stelle im Römerbrief gelangt, die ihn zur Änderung seines Lebenswandels bewegt habe. Auch er gehörte also zu den Leuten, die sich von einem Saulus in einen Paulus verwandelten.

Tute hoc intristi; tibi omne est exedendum

Du hast es (deine Suppe) eingerührt, du mußt es auslöffeln! Hoffentlich war es keine Tütensuppe!

Tres faciunt collegium

Drei machen eine Gesellschaft. Schon im alten Rom ging man davon aus, daß es dreier Leute bedarf, um einen Verein zu gründen. Ein Umstand, der gerade in diesem unserem Lande bis zur Perfektion betrieben wird.

Vestigia terrent

Die Spuren schrecken, sagt der schlaue Fuchs, nachdem ihn der alte Löwe fragt, warum er ihn denn nicht in seiner Höhle besuchen wolle. Ach weißt du, sagt der Fuchs in der Fabel des griechischen Dichters Äsop (um 600 v. Chr.), mir fällt auf, daß zwar viele Spuren *in* deine Höhle führen, aber keine wieder hinaus. Seither gilt es als tollkühn, aber wenig klug, sich in die Höhle des Löwen zu wagen.

Vita brevis, ars longa

Das Leben (ist) kurz, die Kunst lang. Meinte um 400 v. Chr. der griechische Arzt Hippokrates.

Vivat, crescat, floreat!

Er möge leben, wachsen und gedeihen! Ein Hoch auf alles Geburtstagskinder!

Vivos voco, mortuos plango, fulgura frango

Die Lebenden rufe ich, die Toten beweine ich, die Blitze breche ich. Diese Worte wählte Friedrich Schiller für sein „Lied von der Glocke". Inspiriert hat ihn dazu die Inschrift einer Glocke, die sich im Schaffhauser Münster befindet. Sie trägt seitdem den Namen „Schillerglocke".

Kapitel XI

Non liquet – nicht spruchreif

Aber nicht doch! Hier ist alles spruchreif. Denn in diesem Kapitel finden Sie jede Menge Originale populärer lateinischer Begriffe, Sentenzen und Sprichwörter – nahezu für alle Lebenslagen. Nicht wenige davon benutzen Sie täglich selbst, manchmal ohne zu ahnen, daß es sich hier um Latein handelt. Wetten?

A condicione (a. c.)

Unter der Bedingung.

A maiori

Vom Größeren her, um so eher.

Ad oculos

Vor Augen führen, deutlich machen.

A posteriori

Vom Späteren her, im nachhinein.

A potiori

Vom Mächtigeren her, erst recht.

A priori

Vom Früheren her, von vorneherein.

Ad absurdum

Ins Unmögliche. Etwas ad absurdum führen: eine Idee so lange weiterspinnen, bis sie sich als unlogisch erweist.

Ad acta

Zu den Akten.

Ad hoc

Zu diesem Zweck. Die heute meist gebrauchte Bedeutung „plötzlich“ ist eigentlich nicht richtig.

Ad infinitum

Bis ins Unendliche, unbegrenzt.

Ad libitum

Nach Belieben.

Ad litteram

Auf den Buchstaben, ganz exakt.

Ad nauseam

Bis zur Seekrankheit, bis zum Erbrechen, immer und immer wieder.

Ad oculos

Vor Augen führen, demonstrieren, den Beweis erbringen.

Ad usum proprium

Zum eigenen Gebrauch.

Alibi

Anderswo. Wohl dem, der immer eins hat, wenn er es braucht!

Anno domini

Im Jahre des Herrn. Dieses Buch wurde anno domini MXM (1990) geschrieben.

A priori

Von vornherein, selbstverständlich.

Brevi manu

Kurzerhand.

Circulus vitiosus

Fehlerhafter Kreis. Heute im Sinne von Teufelskreis angewandt – eine Angelegenheit, der man nicht mehr entrinnen kann.

Cui bono?

Wem zum Vorteil?

Cum tacent, clamant

Indem sie schweigen, klagen sie an.

Datum

Gegeben, ausgestellt am. Wörtlich bezeichnet das Datum also den Kalendertag.

De facto

Von der Tat her. Was durchaus im Gegensatz stehen

kann zu *De iure – von Rechts wegen*. Manchmal schaffen Tatsachen neue Rechtsumstände . . .

Dies diem docet

Ein Tag lehrt den anderen.

Eo ipso

Gerade dadurch!

Ergo

Also! Räusper, räusper – ich komme jetzt zur Begründung meiner Behauptung.

Et cetera

Und das Übrige, usw. usf.

Ex abrupto

Plötzlich.

Ex commentariis sapere

Aus Kommentaren klug sein, ein Klugschwätzer sein.

Ex ungue leonem

An der Klaue (erkennt) man den Löwen.

Facit

Das macht. Das Fazit ist das Ergebnis einer Rechnung.

Faucibus premor

Ich werde durch eine Enge bedrückt. Das Wasser steht mir bis zum Hals.

Fons et origo

Quelle und Ursprung.

Grosso modo

Auf grobe Weise. Im großen und ganzen.

Habeat sibi

Er habe es für sich selbst. Von mir aus!

Hic et nunc

Hier und jetzt.

Homo sapiens

Der weise Mensch. Also Sie und ich.

Horribile dictu

Schrecklich zu sagen.

Ignorabimus

Wir werden (es) nie wissen. Eingeständnis der menschlichen Unvollkommenheit.

Imprimatur

Es darf gedruckt werden. „Grünes Licht“ für ein Werk, nachdem die letzte Korrektur erfolgt ist. In totalitären Staaten die Freigabe durch die Zensur.

In abstracto – in concreto

Im Abstrakten – im Konkreten, theoretisch – praktisch.

In aeternum

Auf ewig.

In continuo

Fortlaufend, ohne Unterbrechung.

In corpore

In einem Körper, insgesamt, aus einem Guß.

Individuum

Das Unteilbare, der einzelne Mensch.

In effigie

Im Bilde, im übertragenen Sinn.

In extenso

In ausgedehnter Weise, in vollem Umfang.

In extremis

In den Äußersten. So viel wie: sich dem Ende zuneigen.

In fidem

Zur Beglaubigung.

In genere

In der (ganzen) Gattung. So viel wie: ganz allgemein.

In honorem

Zu Ehren.

In infinitum

Bis ins Unbegrenzte, grenzenlos.

In integrum

Den ursprünglichen Rechtszustand wiederherstellen.

In mandatis

Im Auftrag.

In margine

Am Rande.

In medias res

Mitten in die Dinge hinein. So viel wie: Gleich zur Sache kommen.

Punctum saliens
Der springende Punkt.

In pectore
In der Brust.

In memoriam

Zum Gedächtnis.

In mora

Im Rückstand.

In natura

In der Natur. So viel wie: leibhaftig. Auch: In Naturalien zahlen.

In nexu

Im Zusammenhang.

In nomine

Im Namen, im Auftrag von.

In nuce

In einer Nuß. So viel wie: Kurz und knapp.

In obscuro

Im dunkeln, mysteriös.

In pectore

In der Brust. Etwas, das noch geheim ist. Daher kommt der Begriff: Etwas in petto haben – noch eine Trumpfkarte besitzen.

In puncto

Was ... betrifft.

In spe

In Hoffnung auf. Zum Beispiel: Millionär in spe = ich!

In suspenso

Zweifelhaft, noch nicht geklärt.

Integrum abire

Unberührt davonkommen, seine Haut retten.

In tergo

Auf der Rückseite.

Interim fit aliquid

Dazwischen wird etwas geschehen. Kommt Zeit, kommt Rat.

Ipsissima verba

Dem genauen Wortlaut nach.

Lapsus

Fehler. Sollten mir in diesem Buch welche unterlaufen sein, bitte ich schon jetzt um Verzeihung. Besonders wenn es sich um einen *Lapsus calami* – Ausgleiten der Feder – gehandelt haben sollte. Ein *Lapsus linguae* –

Sprechfehler – wäre auch möglich. Denn hierbei handelt es sich um den Gebrauch eines verletzenden Begriffes. Und nicht, wie bisweilen irrtümlich angenommen, um einen Sprachfehler wie Stottern, Lispeln oder ähnliches. Und schließlich gibt es noch den *Lapsus memoriae* – den Gedächtnisfehler, der mit zunehmendem Alter immer häufiger vorkommt.

Liberum arbitrium

Freier Wille.

Licentia docendi

Die Erlaubnis, an der Universität Vorlesungen zu halten.

Licet

Es ist erlaubt.

Locus communis

Der Gemeinplatz, der unverbindliche Satz, die hohle Phrase. Oft fälschlicherweise als *All*gemeinplatz bezeichnet.

Maculam delere

Einen Fehler wieder gut machen, eine Scharte auswetzen.

Memorandum

Das zu Bedenkende. Eine Fest- oder Denkschrift.

Minima de malis

Das Geringste von den Übeln. Komplett lautet diese Redewendung Ciceros: *Ex malis eligere minima – von zwei Übeln das kleinere wählen.*

Modus vivendi

Die Art des Lebens. Gemeint ist der Kompromiß, den man irgendwie schließen muß, will man es miteinander aushalten.

Narrata refero

Ich berichte Erzähltes. Ich zitiere nur.

Nihil obstat

Es steht nichts im Wege.

Nolens volens

Nichtwollend wollen. Ob man will oder nicht, unwillkürlich.

Nondum

Noch nicht. Es dauert noch.

Non faciunt meliorem equum aurei freni

Goldene Zügel machen ein Pferd nicht besser.

Non liquet

Es ist nicht klar. Hier herrscht Unklarheit.

Non modo … sed etiam

Nicht nur … sondern auch.

Non multa, sed multum

Nicht vielerlei, sondern viel. Qualität statt Quantität.

Nota bene!

Merke wohl! Achte drauf!

Nuda veritas

Die nackte Wahrheit. Manchmal ist sie unerträglich.

Numquam retrorsum

Niemals zurück! Das war Ciceros Wahlspruch. Wie Sie seiner Kurzbiografie in Kapitel XI entnehmen werden, war sein Weg nach vorn reichlich steinig.

Orbis terrarum

Die weite Welt.

Pars pro toto

Der Teil fürs Ganze. Wer Baum sagt und Wald meint, der nennt den Teil fürs Ganze. Oder: Er zählt die Häupter seiner Lieben und siehe da: Es waren sieben.

Pax vobiscum

Der Friede sei mit euch!

Per aspera ad astra

Über rauhe (Wege) zu den Sternen. Sinngemäß: Vor den Erfolg haben die Götter den Schweiß gesetzt.

Pereat

Er möge zugrunde gehen!

Pereat mundus

Möge die Welt zugrunde gehen! Sinngemäß: Nach uns die Sintflut!

Per exemplum

Zum Beispiel.

Per pedes

Zu Fuß.

Per se

Durch (an) sich.

Pia desideria

Fromme Wünsche, also solche, die man nicht erfüllen kann.

Pia fraus

Frommer Betrug, Notlüge, um jemanden zu schonen. Der Begriff findet sich bei Ovid.

Placet

Es gefällt. Kurz gesagt: Okay!

Post mortem

Nach dem Tod.

Praeter propter

In etwa, ungefähr.

Pro domo

Für das Haus. So viel wie: Für seinen eigenen Nutzen.

Pro et contra

Für und wider.

Pro forma

Der Form halber. Wenn eine Sache schon längst entschieden ist, noch eine symbolische Handlung begehen, um den Schein zu wahren.

Pro loco

Für die Stelle, anstatt.

Pro patria

Für das Vaterland.

Propria causa

In eigener Sache.

Quid novi?

Was des Neuen? Zu deutsch: What's new, Pussycat?

Quodlibet

Was beliebt. Ein buntes Allerlei, Tuttifrutti. Eine im 16. bis 18. Jahrhundert beliebte Musikform wurde so genannt. Dabei wurde eine Anzahl diverser Volkslieder so miteinander kombiniert, daß alle ihren Spaß hatten. Heute nennt man so was „Stars on 45" oder „Hits à gogo". Übrigens gibt es auch ein relativ unbekanntes Kartenspiel, das *Quodlibet* heißt.

Requiescat in pace

Er ruhe in Frieden!

Res dubia

Zweifelhafte Angelegenheit.

Salva venia

Mit Verlaub.

Saxa loquuntur

Die Steine reden. Dieser Meinung sind Leute, die glauben, daß aus den Werken der bildenden Kunst sichtbar wird, was die jeweilige Epoche für eine Einstellung hatte.

Stante pede

Stehenden Fußes, schnurstracks.

Summa summarum

Die Summe der Summen, alles in allem.

Taedium vitae

Lebensüberdruß.

Tenor

Der Faden. Mit diesem auf der ersten Silbe betonten Wort ist die Besonderheit eines Umstandes gemeint.

Ultima ratio

Die letzte Vernunft. Der letzte Ausweg, das letzte Mittel, zu dem man greift, wenn es gar nicht mehr anders geht.

Usque ad finem

Bis zum Ende. Gemeint ist meist das bittere Ende.

Kapitel XII

Ad fontes – zu den Quellen

Weil wir in diesem Buch andauernd irgendwelche berühmten Leute zitieren und kommentieren, erfahren Sie hier, wer in aller Regel hinter den klugen Zitaten steckt. Wobei für die Authentizität nicht in jedem Fall Garantie übernommen werden kann – Tote lassen sich so schwer befragen, ob sie es nun waren oder nicht. Aber sie können sich zum Glück auch nicht mehr wehren, wenn sie es nicht waren ...

Cato d. Ältere, Marcus Portius (234–149 v. Chr.). Der römische, mit hohen Ämtern versehene Politiker und Schriftsteller galt als strenger Mann, der sich gegen Korruption und Unmoral sowie für die Zerstörung Karthagos aussprach. Obwohl er mit den Griechen wenig am Hut hatte, war er ihrer Sprache mächtig. Um zu beweisen, daß es die Römer besser können, schrieb er die erste bedeutende Prosa seines Volkes. Seine siebenbändige Geschichte der Römer namens *Origines – Ursprünge*, dazu die meisten seiner 150 Reden und die älteste römische Enzyklopädie – Unterweisungen für seinen Sohn in Rhetorik, Ackerbau und Medizin – sind allerdings verlorengegangen. Sonst wäre vermutlich Band zwei *dieses* Buches längst gesichert. So allerdings ...

Cicero, Marcus Tullius (106–43 v. Chr.). Studierte Rhetorik, Jura und Philosophie, weil er – im Gegensatz zu vielen Politikern heutiger Prägung – der Meinung war, Bildung könne für höhere Staatsämter durchaus von Nutzen sein. Als Anwalt und Redner gelangte er bald zu großer Berühmtheit. Obwohl es ihm gelang, die Verschwörung des Catilina aufzudecken, konnte er weder gegen den alten Adel noch das Triumvirat von Cäsar, Pompejus und Crassus etwas ausrichten. Deshalb ging er zunächst den Weg vieler frustrierter Staatsmänner und beschränkte sich aufs Schreiben, ehe er noch einmal in den Bürgerkrieg eingriff, und zwar gegen Cäsar. Dabei stand er mal wieder auf der Seite des Verlierers (Pompejus), fand aber Gnade bei Cäsar und wurde einige Zeit dessen Mitarbeiter. Dessen Alleinherrschaftsanspruch fand bei Cicero wenig Gegenliebe und so zog er sich abermals zurück. Nach Cäsars Ermordung ging Cicero erneut in die Politik – und fand sich prompt wieder auf der falschen Seite. Ein Attentat machte seinem Leben schließlich ein Ende. Auf der Habenseite stehen immerhin 58 große Reden, mehr als tausend Briefe und zahlreiche staatsphilosophische Schriften. Cicero beeinflußte sicherlich das Denken des Abendlandes, weil es ihm gelungen ist, griechische Philosophie und römisches Denken sinnvoll miteinander zu verbinden. Wer von Antike spricht, kommt an dieser tragisch-genialen Persönlichkeit nicht vorbei.

Hippokrates von Kos (um 460–377 v. Chr.). Er war wohl der erste Arzt, für den Krankheit nichts mit Magie und Glaubenskult zu tun hatte, sondern er betrachtete die Dinge vom Verstand her und machte die Medizin zu einer Wissenschaft der Erfahrungen. Sein Fazit: Krankheit wird durch ein Ungleichgewicht der Körpersäfte und Umweltbedingungen hervorgerufen. Therapie sollte nach Möglichkeit der Natur überlassen bleiben. Fürwahr: ein weiser Mann.

Horaz, Quintus Flacus (65–8 v. Chr.). Ein Beweis dafür, daß sich Dichter nicht in die Politik einmischen sollen. Weil er sich unter dem Cäsar-Mörder Brutus als Militärtribun verdingte und 42 v. Chr. bei der Schlacht bei Philippi auf der Verliererseite stand, verlor er den väterlichen Hof. Deshalb ging er als kleiner Schreiber nach Rom, lernte dort Vergil kennen, der ihn in seinen Literatenkreis einführte. Auf einem kleinen Landgut in den Sabinerbergen, einem Geschenk Vergils, entstand zwischen 41 und 13 Horaz' Werk, das in neun Büchern vollständig erhalten ist. Auch wenn er sich literarisch gegen Verderbnis und schlechte Sitten in der Politik wandte: Aktiv mischte sich der Dichter von Stund' an nicht mehr in dieses Geschäft ein.

Ovid, Publius Naso (43 v.–18 n. Chr.). Der vermögende Adlige nahm nach einem Studium der Rhetorik in Rom und Athen sowie ausgedehnten Bildungsreisen eine Stellung im Staatsdienst an, stellte jedoch sehr bald fest, daß dies für einen kreativen Menschen wie ihn nicht ganz das Richtige war. Also verschrieb er sich der Dichtkunst und war bald ein Liebkind der römischen High Snobiety. Zehn Jahre vor seinem Tod – er steckte gerade mitten in der Arbeit zu seinen berühmten 15bändigen „Metamorphosen" – verbannte ihn Kaiser Augustus ans Schwarze Meer und ließ ihn nie wieder zurückkehren.

Plautus, Titus Maccius (250–184 v. Chr.). Er war wohl das, was man einen Volksdichter nennt: Vermutlich von einfacher Herkunft, schlug er sich mit Gelegenheitsjobs in Rom durch und versuchte sich an Komödien. Mit durchschlagendem Erfolg. 130 Lustspiele – darunter viele mit Gesang – soll Plautus angeblich geschrieben haben, 21 sind erhalten und als echt anerkannt. Meist hat sich der Meister wohl unbekannter griechischer Vorbilder bedient – aber es war immer schon lukrativ, von unentdeckten Künstlern abzukupfern. Plautus' Talent, olle Kamellen aufs zeitgenössische Rom umzumünzen, haben ihn letztlich berühmt gemacht. Immerhin haben Leute wie Lessing, Kleist, Molière und Shakespeare seine Stoffe aufgegriffen – also just dasselbe getan wie er mit den alten Griechen. Nichts neues unter dieser Sonne ...

Seneca d. Jüngere, Lucius Annaeus (4 v.–65 n. Chr.). Er besaß eine rhetorische Ausbildung und beschloß alsbald, Philosoph zu werden, nachdem er sich mit der Lehre des griechischen Stoizismus befaßt hatte – bekannt z. B. durch die stoische Ruhe. Die brauchte er auch, galt es doch schließlich, ab dem Jahre 48 den damals zwölfjährigen Nero zu erziehen, was anscheinend total fehlschlug. Denn der entwickelte sich im Lauf der Zeit zu einem wahren Schreckensherrscher. Hatte sich Seneca in der ersten Zeit zum zweitmächtigsten Mann im Reich nach dem Kaiser entwickelt, wurde er im Laufe der Zeit immer mehr kaltgestellt. Weil er angeblich an einer Verschwörung gegen den Imperator teilgenommen haben soll, wurde er von seinem einstigen Schüler zum Selbstmord gezwungen. Die Achtung des Volkes hatte er da allerdings durch unerträglichen Opportunismus gegenüber Nero längst verloren. Seine Werke tragen beziehungsreiche Titel wie „Von der Kürze des Lebens", „Vom inneren Gleichgewicht", „Über die Milde" oder „Über den Zorn". Auch als Bearbeiter griechischer Tragödien machte sich der gebürtige Spanier einen Namen.

Tacitus, Publius Cornelius (ca. 55–120 n. Chr.). Schon während er unter diversen Kaisern hohe Posten inngehabt hatte, begann Tacitus mit seinem kulturhistorischen Werk, das für die Nachwelt von großem Interesse ist. Nachdem der Despot Domitian in Rom das Ruder übernommen hatte, begann er, seine Schriften herauszugeben, denen man im heutigen Sinne allerdings ein gerüttelt Maß an Subjektivität unterstellen muß. So kamen bei dem reichlich pessimistisch angehauchten Schreiber vor allem die eigenen Landsleute nicht gerade besonders gut weg, während er etwa in seinem berühmtesten Werk „Germania" dem nördlichen Nachbarn auch gute Eigenschaften andichtete, die diesem nicht unbedingt zu eigen waren und sind. Weitere historisch relevante Veröffentlichungen: „Agricola" (ein ehrender Nachruf auf seinen Schwiegervater Gnaeus Julius Agricola, der Britannien erobert hatte) und „Historiae" und „Annales" – eine etwa 30bändige, aber unvollkommen überlieferte Darstellung seiner Zeit.

Terenz, Publius Afer (195–159 v. Chr.). Der junge Sklave aus Karthago bekam im Haus des kunstbeflissenen Senators Terentius Lucanus eine vornehme Erziehung und später die Freiheit. Die nutzte er, um nach antikem Vorbild Komödien zu schreiben, wobei vor allem der attische Komödiendichter Memander sein Vorbild war. Anders als Plautus, ließ Terenz den Gesang weg und kümmerte sich statt dessen um einen kultivierten Sprachstil. Das brachte ihm die Ehre ein, bis ins 18. Jahrhundert der am meisten in der Schule gelesene Lateiner zu sein – mit Werken wie „Das Mädchen von Andros", „Der Eunuch", „Die Brüder" oder „Die Schwiegermutter". Größen wie Cervantes, Molière, La Fontaine oder Lessing haben seine Stücke bearbeitet.

Vergil, Publius Maro (70–19 v. Chr.). Der hochgebildete Dichter zog es vor, zurückgezogen in Neapel oder auf Sizilien zu leben, auch wenn er dem Literatenkreis um Maecenas angehörte, dem Vater aller Mäzenen. Vor allem sein zwölfbändiges Heldenepos „Äneis" – angelehnt an Homers „Illias" und „Odyssee" fand nicht nur mit vielen Zitaten Aufnahme in dieses Buch, sondern verkündete auch die weltgeschichtliche Sendung Roms. Beides gelangte jedoch zu keinem befriedigenden Abschluß: Das römische Reich ging unter, das Epos, das Äneas als Ahnherrn der Kaiser und Gründer schilderte, blieb unvollendet.

Dii nos quasi pilas homines habent
Die Götter haben uns wie einen Ball.

Noli equi dentes inspicere donati
Prüfe nicht die Zähne eines geschenkten Gaules.